野球部あるある

YAKYUBU ARUARU

新装版

JN258988

菊地選手 著
クロマツテツロウ 漫画

新装版に寄せて

今から約4年前、誰からも認識されていない編集者と漫画家が手を組んで、一冊の本を出しました。『野球部あるある』と題されたその本は、会社内の誰からも期待されていなかったにもかかわらず、たくさんの読者に恵まれ『野球部あるある2』という続編まで生まれました。

その「編集者」が僕なのですが……、あれから、いろいろなことがありました。

当時、僕は『野球小僧』という雑誌の編集部にいました。2012年にわけあって退社して、その後『野球小僧』の元スタッフで集まって『野球太郎』という雑誌を立ち上げました。そして2015年の3月にその編集部を円満退社し、今はフリーランスとして活動しています（『野球太郎』も引き続きスタッフとしてお手伝いしています）。

このように環境がめまぐるしく変化していくなか、さまざまな障害もあって、『野球部あるある』の進路は暗礁に乗り上げていました。「もう『野球部あるある』は絶版にすべきだろうか……」と弱気になった時期もあります。ふと気づけば、さまざまな「あるある本」がいろんな出版社から雨後の筍《たけのこ》のごとく出ている状況。漫画家のクロマツテツロウさんと飲みながら、「もはや『野球部あるある』の居場所はないのだろうか……」と不安を漏らしたこともありました。

しかし、たくさんの方々のお力添えやご理解によって、このたび新たな発行元で『野球部あるある3』を制作できることになりました。そして、『野球部あるある』『野球部あるある2』も心機一転、「新装版」として復活しました。今の自分は、高校を転校して公式戦に1年間出られず、ようやくその期限が明けた高校球児のような心境です。

新装版は、旧版では未収録の「野球留学あるある」を新たに加えています（『野球部あるある2』では「女子マネあるある」を追録）。また、旧版の「まえがき」の冒頭に「僕は『野球小僧』の編集をしています」……とあるように、書いた当時と今とは状況が違う部分も多々ありますが、結局新たに書き直すのはやめにしました。4年前の自分の〝手探り感〟を読みながら感じていただいたほうが、楽しんでいただけると思ったのです。

自分の身の回りにはいろいろと変化があった4年間でしたが、「野球部」は変わらずあり続けてくれました。それは当たり前のようで、僕にとってはとても心強いことでした。これからも変わらず「野球部」を見つめ続けていきたいと思います。

それでは、『野球部あるある』をお楽しみください。

2015年8月　菊地選手

まえがき

みなさん、はじめまして。

僕はふだん、雑誌『野球小僧』、『高校野球小僧』、『中学野球小僧』の編集をしています。一応、元・高校球児です。

1年前の7月、高校野球の東京大会を見に行った時のこと。応援スタンドでこんな光景を目にしました。

卒業したばかりとおぼしきOBが、見るからに変なテンションで騒いでいる。後輩の応援団長をからかったり、グラウンドでプレーしている選手に向かってウケ狙いのヤジを飛ばしたり……。そんな先輩を、後輩たちは「困った人だな」という、冷ややかな目で見ていました。

僕はその瞬間、「あぁ、こういうことって、よくあるな」と思いました。正直に白状すると、僕もこの若いOBと同じようなことをした経験がありました。今、改めて思い出しても背すじがヒヤリとして気持ちが悪くなります。若気の至り……としか言いようがありません。

このときふと、その光景を「形に残しておきたい」と思った僕は、携帯電話を取り出し、ツイッターでこうつぶやきました。

『【野球部あるある1】卒業したばかりのOBが、応援スタンドで調子に乗ってはしゃいで現役部員にウザがられる』

この日以来、僕は、暇を見つけては【野球部あるある】をつぶやいていきました。ありがたいことに、野球部出身者や野球ファンの方々からご好評をいただくようになり、「書籍化」を熱望する声がちらほらとあがってきました（なぜか「日めくりカレンダー化」の要望も）。僕は、思ってもみない事態に戸惑いながら、企画書を書いて、なかばやけくそ気味に会社に提出してみたところ、なぜか通ってしまいました。

僕がつぶやいてきたネタだけで本にするのももったいないので、野球部出身の漫画家・クロマツテツロウさんに一コマ漫画を描いてもらうことにしました。送られてきたクロマツさんの漫画は、想像以上に素晴らしい出来でした。まるで、僕と同じイメージを共有しているかのような。やっぱり、僕とクロマツさんの間に〝野球部あるある〟が動いていたのだなぁと思います。

この本が世に出ることで、現役・OB問わず、野球部経験者の方に「あるある」と、クスクス笑いしてもらえればうれしいです。また、野球部経験のない方にも、「野球部員」の生態について、珍獣でも見るようなスタンスで楽しんでもらえればと思います。

菊地選手

野球部あるある　目次

一章
野球部あるある

一コマ漫画・クロマツテツロウ

ARUARU 001

練習試合の合間に勃発《ぼっぱつ》する「トンボ争奪戦」。

遠征に来たチームが勝手にグラウンド整備を始め、それを監督から指摘されたホームチームの選手たちもベンチを飛び出し繰り広げられる大紛争。背景にあるのは思いやりではなく「怒られる」という思いのみ。恐ろしい光景だ…。

ARUARU 002

ノックで明らかに捕れない打球を打たれるが、とりあえず飛びつく。

野球部では無用に「義務感」を覚える局面が多々ある。ノッカーのミスでどう見ても捕れない打球が来たとしても、「僕はやれることはやりました」という姿勢を見せないといけない。これは社会に出ても通用する処世術《しょせいじゅつ》かもしれない。

ARUARU 003

キャップの裏についている網《あみ》をめくり出し、何かに変身する。

少年野球時代に誰もがやったことだろう。あの網をめくり出し、頭にかぶれば誰もが「変身」できる。おそらく探検隊を編成した人もいたに違いない。ちなみにあの網が何のためにあるかというと、帽子の型崩れを防ぐためだという。

ARUARU 004

急に一塁コーチャーを命じられた時は、「リーリーリー」と言うことから始めてみる。

三塁コーチャーはある程度専門職の感があるが、一塁コーチャーに関しては軽視される傾向がある。突然「やれ！」と命じられてついた時、やれることと言えば、コオロギもビックリの大声で「リーリーリー」と叫ぶしかないのだ。

ARUARU 005

親に背番号を縫《ぬ》い付けてもらうが、貼《は》る位置が下過ぎる。

お母さんとしてはバランスを考えて、「背中の中心に貼ろう」と縫うのだが、実はそのエリアこそデッドゾーン。ユニフォームの裾《すそ》がズボンに隠れた瞬間、「ずいぶん下になっちゃったわ…」と気づくのだ。例外なく弱そうに見える。

ARUARU
006

サッカーをやると、野球をやっている時以上の輝きを放つ選手がいる。

冬のトレーニングの時期、野球部内のサッカー熱が高まる。野球の時は死んだ魚の目になっている選手が、サッカーでは高度な技術と生き生きとしたプレーを見せる。そんな選手はこう言われるだろう。「サッカー部行けば？」。

ARUARU 007

応援に来たお母さんの完全武装を見て、いたたまれなくなる。

帽子、日傘、アームカバーくらいならまだしも、加えてサングラスをかけ、スカーフで鼻から下をグルグル隠すと…。不審者でもこんな格好はしないだろう、というくらい不審になる。お母さん、見に来てくれるのはうれしいけど…。

ARUARU 008

どのOBも必ず言う「俺らの頃は…」。

近年、低迷中のチームほど聞くことが多い。OBからしてみたら無意識に出るフレーズだろうが、選手からしてみれば、「またか」とげんなりすること請《う》け合い。日頃、監督から「あの代の頃は…」と散々聞かされているからだ。

ARUARU
009

コールドスプレーを吹き掛けられても、その効果にはあまり期待していない。

野球部員は基本的に道具を使いたがる生き物だ。だからデッドボールを食らった直後も、即座にランナーコーチがポケットからコールドスプレーを取り出し、シューッと浴びせる。効果は問題ではない。ただ、使いたいだけなのだ。

ARUARU 010

ちょっと痛むだけなのに、練習を休みたいがゆえに使う「違和感」という言葉。

プロ野球選手がやたら使うため、何となく響きが格好良く感じられる「違和感」という言葉。首脳陣に軽症であることもアピールできる、都合のいい言葉だ。しかし、あまり使い過ぎると監督の怒りを買うこともあるので注意が必要。

ARUARU 011

代打で出たのに凡ゴロに終わった場合、せめてアピールとしてヘッドスライディングする。

この現象が起こるのは、ある程度部員数のいる野球部。背景にあるは「ベンチ入りできない恐怖」だ。激しい競争の中でチャンスをもらい、その甲斐なく凡ゴロ…。せめて心意気だけでもベンチにアピールするのが、男というものだろう。

ARUARU 012

腕立て伏せをしていると、指導者が上に乗っかってくる。

とかく単調になりがちな筋トレ。指導者がなんとか場をなごまそうと使う手がこれだ。少し尻を浮かせぎみに腕立て伏せをしている選手が、その餌食《えじき》になる。ここでいいリアクションを見せたら、いいアピールになる…とは限らない。

ARUARU 013

卒業したてのOBが、応援スタンドで調子に乗ってはしゃいで現役部員にウザがられる。

夏の大会には、引退して1年経《た》った先輩が応援に来る。ちゃんと応援してくれるならいいが、抑圧された現役時代の反動からか、妙なテンションではしゃぐ困った先輩もいる。それを冷ややかに見つめる後輩…。もはや夏の風物詩だ。

ARUARU 014

活躍する選手を見て「あいつ、中学時代は大したことなかったよ」と語る応援スタンドの部員。

中学時代に実績を残している選手ほど、「過去」にこだわる傾向が強い。高校で才能が開花して活躍している他チームの選手を見ても、中学時代の負の記憶を語りたがる。自分の置かれている「今」のことはすべて忘れて…。

ARUARU 015

野球部を引退してからギターを買う。

定年退職したお父さんが家庭菜園を始めるのと似た感覚かもしれない。人によっては引退直後は受験勉強に精を出し、終わったら晴れて購入…という流れ。素振りのマメは我慢できても、ギターのマメは我慢できないことが多い。

ARUARU
016

「坊主なんだから石鹸《せっけん》で洗えばいいじゃない」と言われるが、かたくなにシャンプーを使う。

これは世代・人によって、いくつかのタイプに分かれるだろう。このようなシャンプー派の他に、体を洗うついでに頭も洗う石鹸派。そして近年はシャンプー&リンス派が席巻している（石鹸《せっけん》とかけてみた）。時代は変わりゆく…。

ARUARU 017

三塁ベースに2人のランナーがいる時、どちらがアウトになるのか一瞬思い出せなくなる。

正解は「後ろのランナーがアウト」。冷静になればわかるのに、とっさになると思い出せなくなる。そこで指導者に教わるのが、「両方のランナーにタッチしろ」。うまくいけば、バカな三塁ランナーもアウトにできる妙手《みょうしゅ》だ。

ARUARU 018

冬場に走り込みをしたあとの「俺たち陸上部じゃやねぇんだよ」という自虐的《じぎゃくてき》ジョーク。

野球部には野球部内でのみ通用する〝野球部ギャグ〟というものが存在する。このお決まりのフレーズは冬に使うことが多い。だいたいこのあとに、真顔で「こんなに走っても意味ねぇよ」という言葉が続く。春が待ち遠しい。

ARUARU 019

打率の低い選手に「バット貸して」と言われるが、本当は貸したくない。

やたら人のバットを借りたがる選手がいる。まるで打つのは選手の技術や努力ではなく、バットの性能だとでも言うかのように。しかし依頼される側も、その選手の貧打がバットに染みつきそうで貸したくない…というのが本音だ。

ARUARU 020

怖い先輩とキャッチボールすると「今のカーブどう？」などと聞かれるが、正直な感想が返せない。

おっかない先輩にキャッチボールに誘われた時は、先輩が投手・野手にかかわらず、かなりの確率で変化球を投げられる。そしてやっかいなことに、だいたい大した変化はしない。そこでの対応によって、「社会性」が磨かれていくのだ。

ARUARU 021

勝負所でベンチから「落ち着け！落ち着け！」と声を出している選手が、一番落ち着きがない。

チームの声出し番長的な存在が、いつも通り一生懸命に声を張り上げるため、まったく落ち着かないトーンで伝達される。グラウンドの選手たちは冷静に「お前が落ち着けよ」と思うから、意外と効果があるのかもしれない。

ARUARU 022

引退後、監督が優しくなる。

引退後に校内で監督とすれ違ったりすると、「オウ、たまには練習に顔出せよ」なんて声を掛けられ、戸惑いを隠せない。まさか卒業式の日に「お礼参り」されることを恐れているわけではないだろうが…。何にせよ、むしろ怖い。

ARUARU 023

フリーバッティング中にボールを集める時、バットを持った選手がパターゴルフをする。

ボールを集める時間、それは練習の張り詰めた雰囲気が、一瞬ゆるむ奇跡の瞬間でもある。ボールとボールをぶつけ合ったり、即席で穴を掘ってカップを作ったり…。本格的に芝目を読んだりする奴もいるはずだ。

ARUARU 024

水道の蛇口《じゃぐち》に口をつけて水を飲む選手に厳しい視線が注がれる。

早くたくさんの水を飲みたい。そんな気持ちが前のめりに表に出てしまうのはわかるが、正直言って勘弁してほしい。ちなみに、「これは野球部というか運動部あるあるでは?」と聞かれれば、ごもっとも!　としか言いようがない。

ARUARU 025

細い選手のあだ名が「ガリクソン」。

元・メジャーリーガーで、巨人でも1988年から2年間プレーしたビル・ガリクソンが元ネタ。幅広い年代では使われないが、野球部用語として一時代を築いた。逆説的に、ふっくらとした選手への皮肉としても使われることがある。

ARUARU 026

ドラフト会議当日の「やべぇ、ドキドキしてきた！」「お前なんか指名されねぇよ！」というやりとり。

ドラフト会議当日は朝から妙にソワソワして、気持ちが高ぶり、かなりの確率でこのやり取りをしてしまう（社会人になっても）。今の学生はプロ志望届の提出が義務づけられており、口走る回数は減っているかもしれない。

ARUARU 027

ベルトを忘れ、やむなく制服のベルトで代用する。

野球部の「忘れやすいものランキング」で、帽子とトップの座を争うのがベルトだ。特に遠征などでバッグを替える時は危険。忘れてやむなく制服のベルトを使っても、見るからに細く、貧相《ひんそう》に見えることは間違いない。

ARUARU
028

初めて「右中間」という言葉を聞いた時、頭の中では宇宙の映像が広がっている。

少年野球の頃に経験がないだろうか。「ライト、右中間に寄れ！」と言われ、何かとてつもなく壮大な空間に自分が寄らなくてはならないと思い、戸惑ったことを。野球用語を覚えることも、一人前の野球部員になるための一歩だ。

ARUARU 029

スクイズを失敗した直後に出される、監督のなげやりな「打て」のサイン。

決死のスクイズ！…が空振りやファウルによって失敗してしまった直後のサイン。握り拳を力なく振る監督の仕草を見ると、自分が見放されたような気分になる。まるで握り拳が「どっかへ行け」とでも言っているかのように。

ARUARU 030

掃除の時間、ほうきがバット、ちりとりがホームベース、ゴミがボールとなり、戦いが始まる。

グラウンド整備はちゃんとやるのに、校舎の掃除は適当。そんな野球部員は多いはず。紙くずをほうきで打つと、ほどよい箱庭野球に花が咲く。あまり熱中すると、女子からの「男子ぃ、ちゃんと掃除してよぉ!」の苦情が入る。

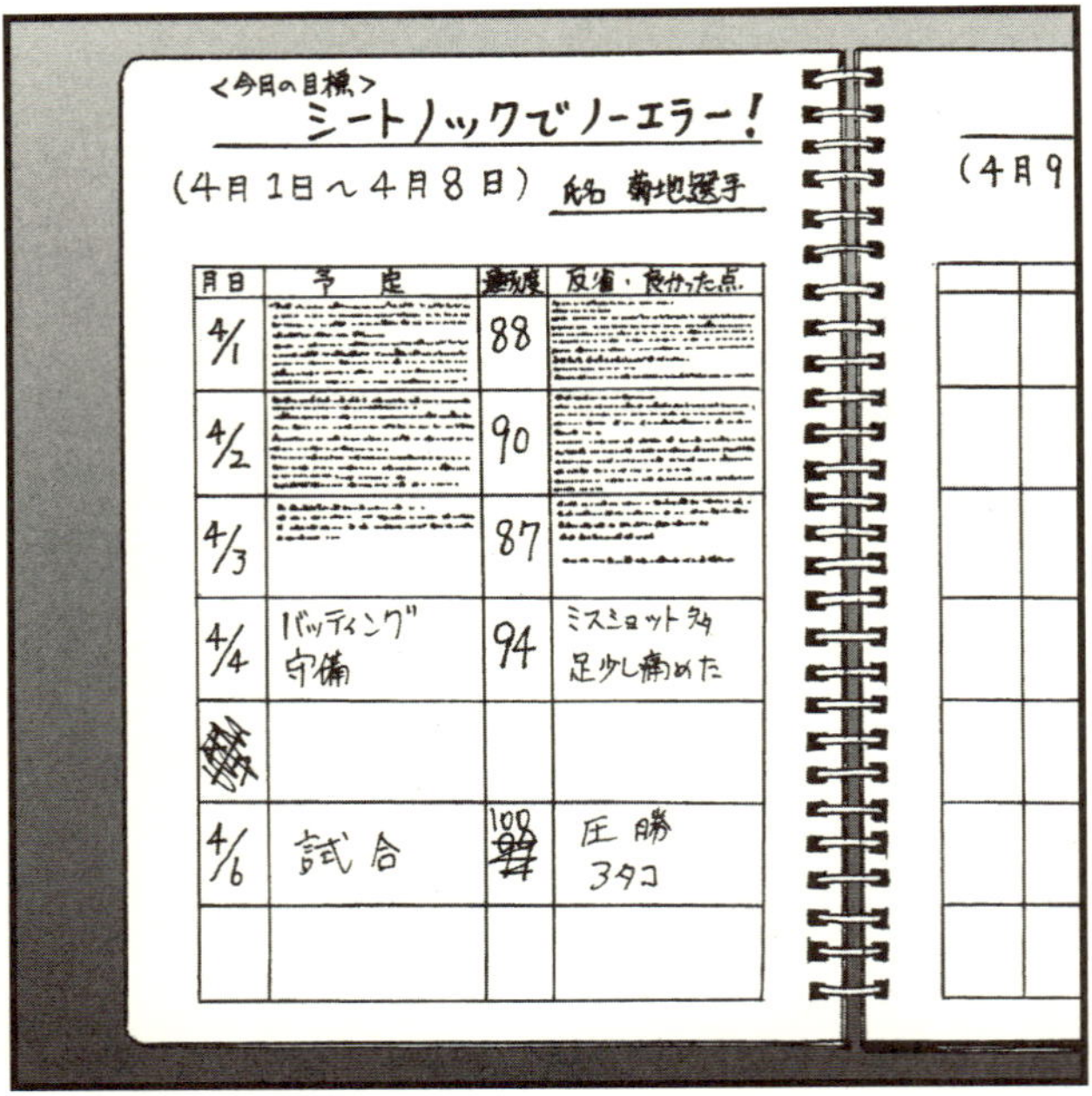

ARUARU 031

野球ノートが長続きしない。

日々の練習で気づいたことや、自身の課題を書き記す野球ノート。提出が義務づけられているチームならいいが、「各自つけとけよ」というスタンスだと、徐々に熱が下がっていく様子がノートを読み返すとありありと伝わってくる。

ARUARU 032

集団で同じ車両に乗って、乗客に迷惑がられる。

野球部員は荷物が多い。特に遠征に出る場合など、バット、ヘルメット、キャッチャー道具など、大荷物を持ち運んで移動する。野球部員が連れ立って電車やバスに乗り込んだ時に顔をしかめる大人は、1人や2人の次元ではない。

ARUARU 033

バットをピクッと動かしただけなのに、球審に張り切ってハーフスイングを取られる。

中学・高校野球とプロ野球の大きな違いの一つに「ハーフスイング判定の厳しさ」が挙げられる。疑わしきはほぼ100パーセントスイング。「男なら思い切り振れよ！」というエールなのかもしれないが、正直、余計なお世話である。

ARUARU 034

私服を買うためにお店に入ったのに、気づいたら鏡でフォームチェックをしている。

目の前に大きな鏡があると、自分のフォームを確認したくなるのが野球部員の性《さが》だ。たとえオフの日で、頭で考えていなくても体が勝手に反応している。第三者から「野球バカ」と評されるのもいたしかたない、悲しい習性だ。

ARUARU
035

棒状のものを持つと、とりあえず素振りしたくなる。

もはや無意識レベルの職業病だろう。ここでベスト3を発表したい。
1位：雨の日の傘
2位：掃除のほうき
3位：リレーのバトン
棒状のものを手にすれば、知らずスイングしている自分がいる。

ARUARU 036

野球部を目の敵《かたき》にしているとしか思えない先生がいる。

悪いことは何もしていないつもりなのに、やけに野球部に厳しい先生がいる。卒業生も含めて野球部の生徒にイヤな目にあわされたのか、それとも注目される野球部をねたんでるのか。真相はわからないが、触らぬ神に祟《たた》りなしだ。

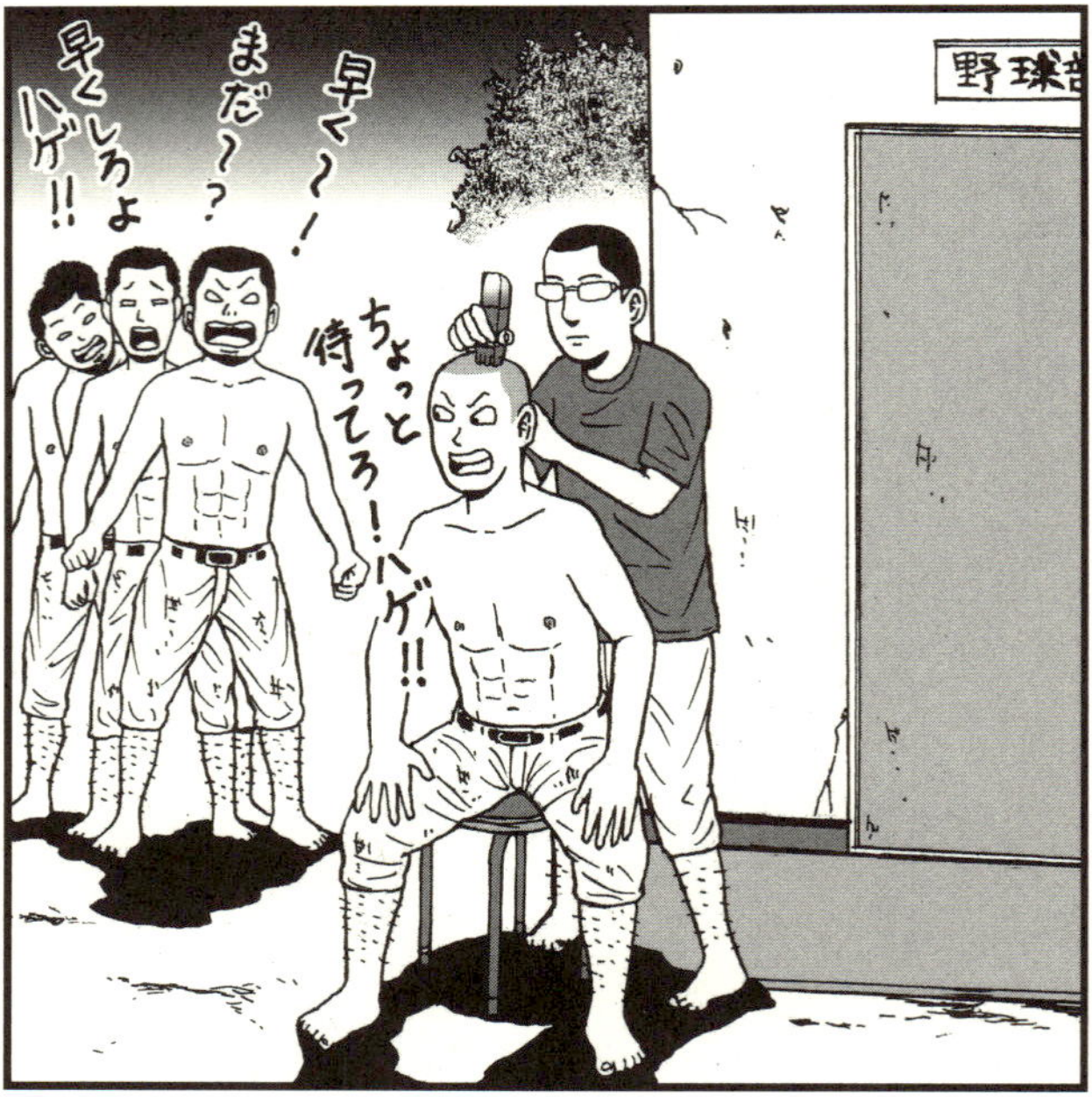

ARUARU 037

バリカンさばきに定評がある、理髪店《りはつてん》的存在がいる。

野球部と言えば坊主頭。自宅にバリカンがある選手はいいが、そんな選手ばかりではない。そこで、バリカンを持っている選手が持ってない選手を一斉に刈り上げる日がある。各人の長さ（ミリ数）まで把握すれば、立派なマスターだ。

ARUARU
038

ピッチャーがしつこくけん制をするたびに、舌打ちしながらバックアップに向かうライト。

ピッチャーがけん制球を投げるということは、そのたびに外野手がカバーに走ることを意味する。特に一塁けん制でかかるライトへの負担は大きい。カバーとはいえ、真剣にやれば何本もダッシュすることに…。ライトもつらいのだ。

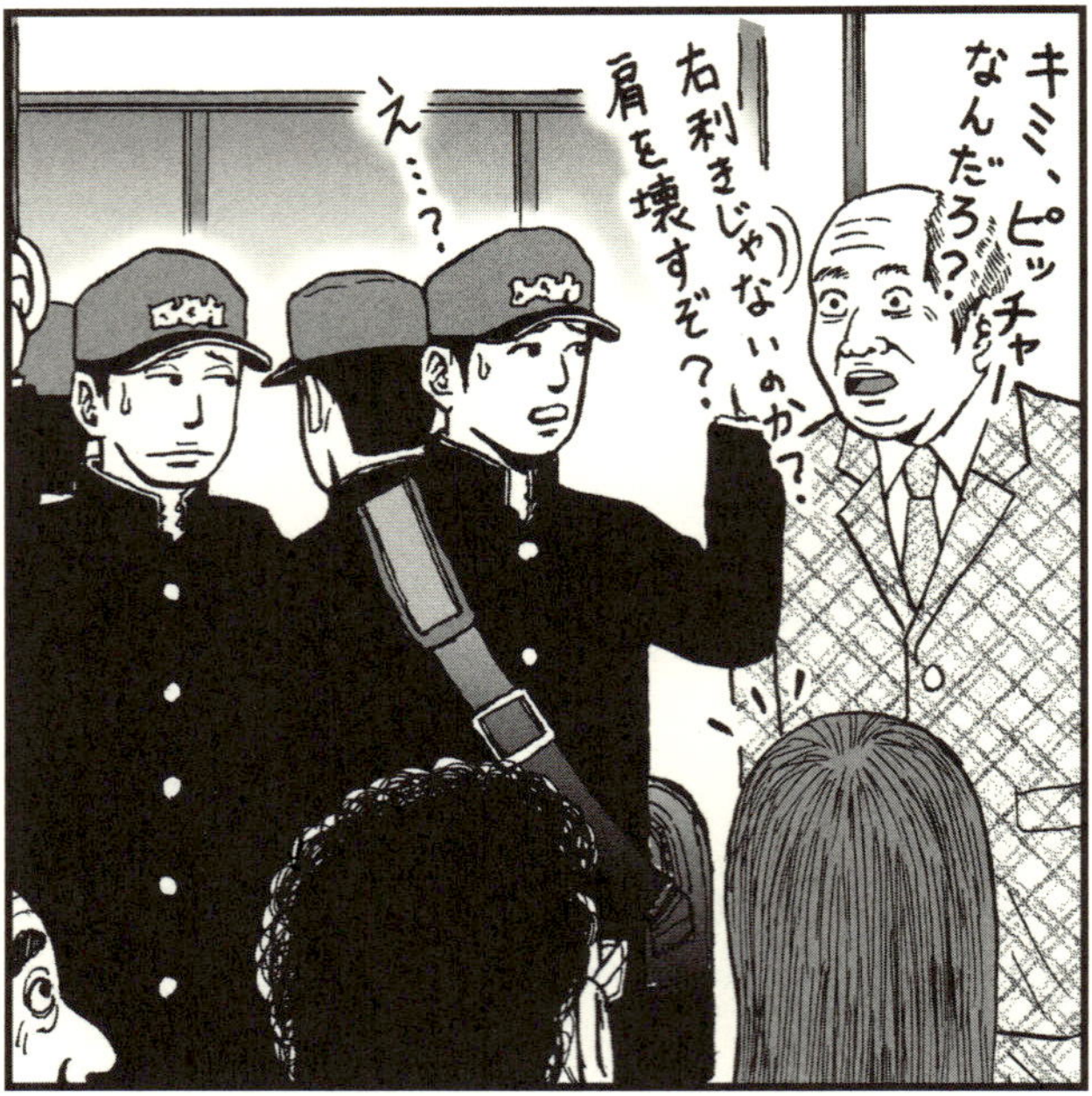

ARUARU 039

バッグを利き腕側に掛けると、「肩を壊す」と言われる。

重いショルダーバッグを利き腕に提《さ》げることで肩に負荷《ふか》がかかり、肩を壊す…。野球界で盲目《もうもく》的に信じられている言い伝えだ。でもよく考えると、偏《かたよ》った一方に負荷をかけ続けるのも、それはそれでバランスを崩しそうだ…。

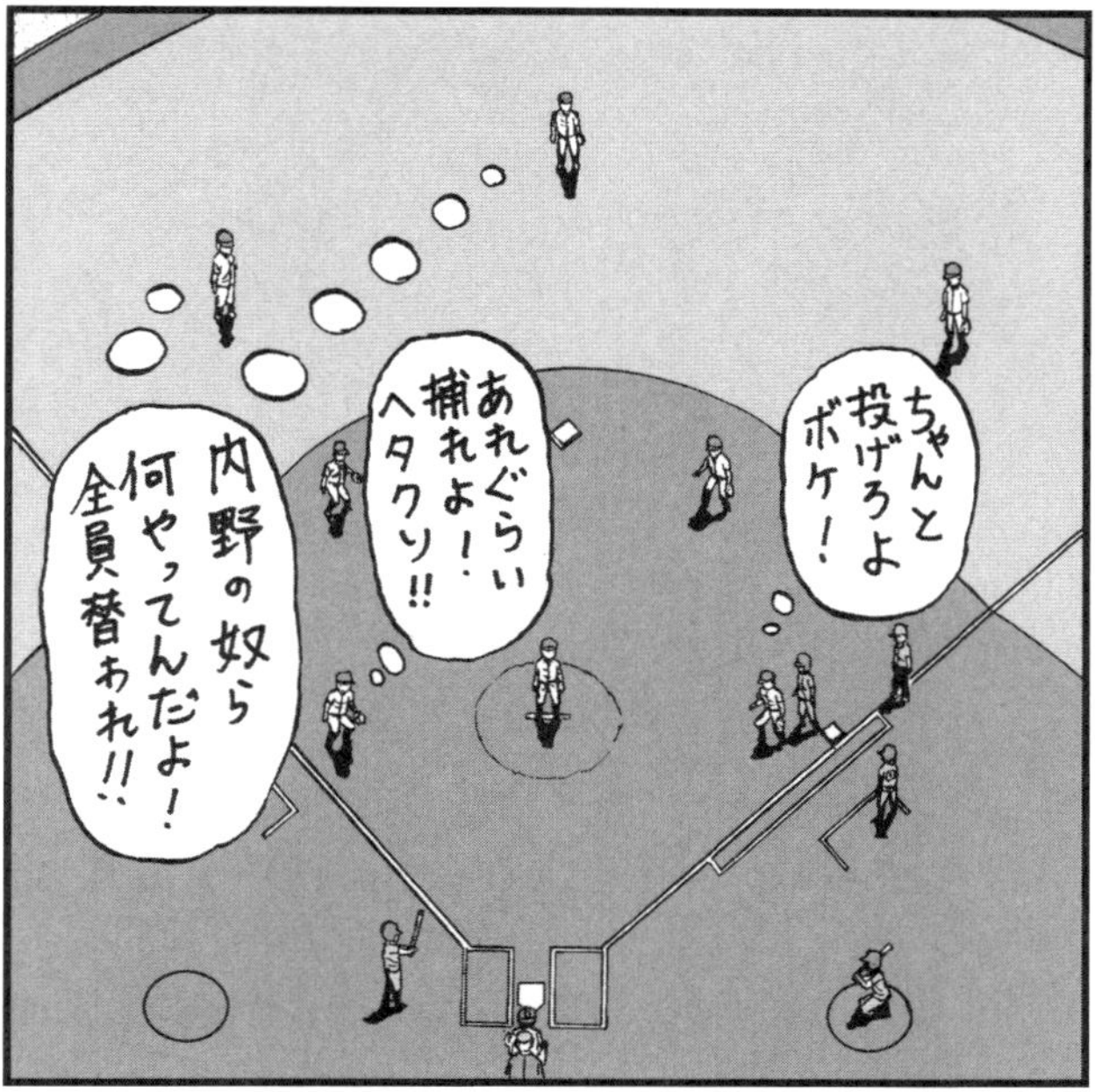

ARUARU 040

ファーストは「しっかり投げろよな」と思い、投げた方は「あれぐらい捕れよな」と思う。

ファーストは時に、バッテリーを含めた内野全体と対立する問題を抱える。それは送球が少し逸《そ》れた時の責任問題。少々のショートバウンドなら軽快にさばいてもらいたいものだが、投げた方が悪いと思うファーストがほとんどだろう。

ARUARU 041

人のスパイクのヒモを固結《かたむす》びにする輩《やから》がいる。

野球部として最も原始的なイタズラだろう。小学生もビックリの恐ろしいまでに単純な手口だが、被害者側がこうむるダメージは意外と大きい。固結びをほどくためにかかる時間と労力は、二度と戻ってこない。

ARUARU 042

外野になって日が浅い選手の背走《はいそう》がぶざま。

「ぶざま」なのは主に3種類。正面を向いたままバックする「自動車バック」。左から右、右から左へと切り返す「キョロキョロバック」。バックしてるのに打球が前に落ちる「裏腹《うらはら》バック」。同じ人として同情してしまうレベルの動きだ。

ARUARU 043

体育のソフトボールで実力を発揮できず、「おい野球部どうした」とヤジられる。

サッカー部がサッカーの授業で輝きを放つように、野球部の見せ場はソフトボール。しかし、「10割打って当たり前」という目で見られるのは相当つらい。中には「フォームが崩れるから」と逆の打席に入る「敵前逃亡組」もいる。

ARUARU 044

グラウンドの来訪者に向かって大声で挨拶《あいさつ》するが、それが誰なのかは知らない。

「グラウンドに来た人には必ず挨拶しろ」というしつけがなされているため、条件反射的に無差別に挨拶するが、それが誰かはわからない。馴《な》れ馴れしく話し掛けてくる人をOBか部外者かを見分ける術《すべ》は、自然と磨かれていく。

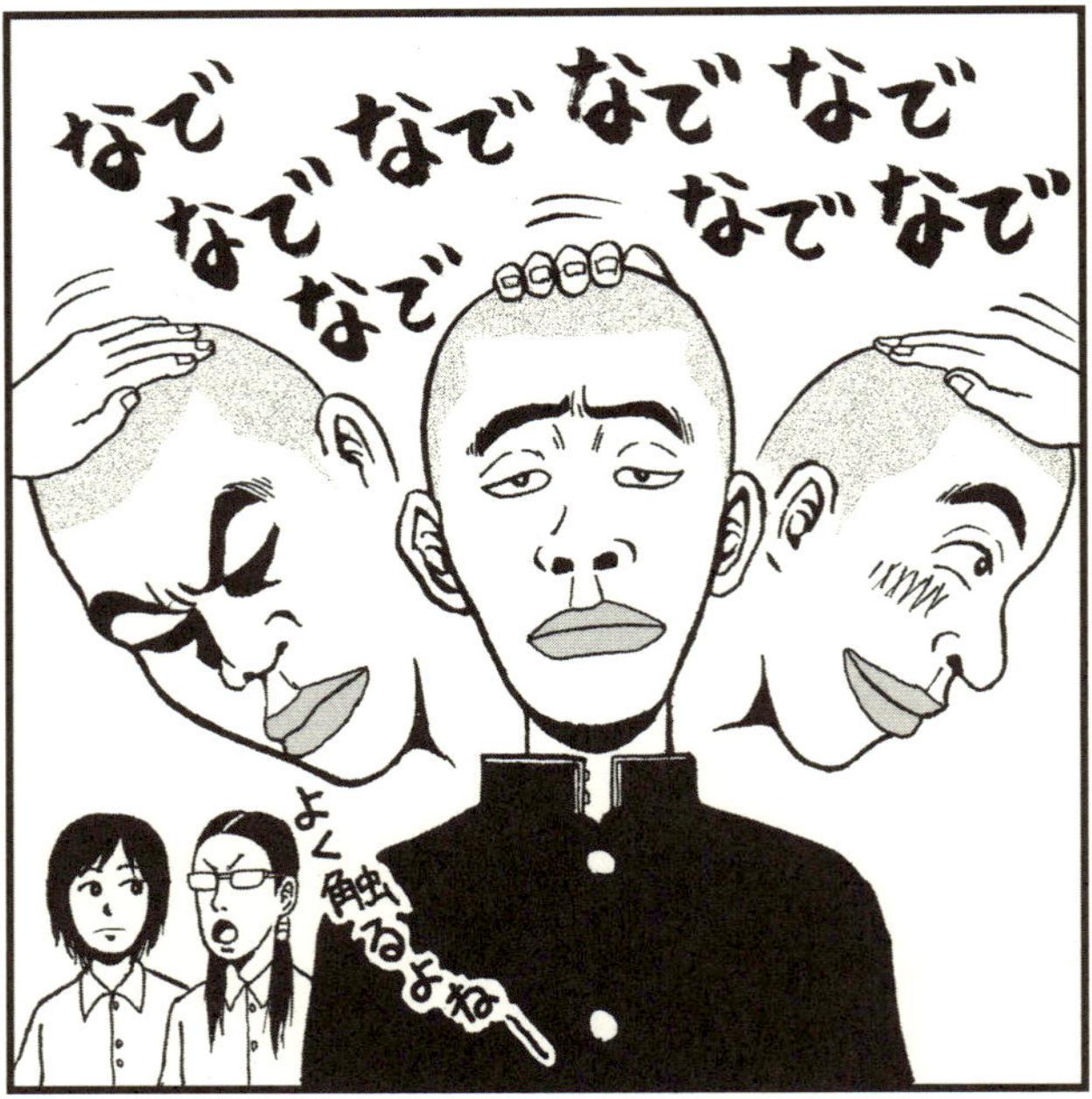

ARUARU 045

クラスメイトに坊主頭をなでられる。

中にはかゆい部分を坊主頭にこすりつけてくるクラスメイトも。当然のことながら、女子になでられるとうれしい。しかし、タオルを頭に引っ掛けて後ろにガッと引っ張られるイタズラの被害にもあいやすいというデメリットも存在する。

ARUARU 046

バッティングセンターに行くと、ボケに走ってバントをする選手がいる。

指導者が見ていない空間で思う存分打ち込めるバッティングセンターは、ある意味天国だ。そこでフリーバッティングの最初の1球をバントするのと同じノリで、ここでも試みる選手がいる。1球いくらするのかなど、考えない。

ARUARU
047

ノッカーがキャッチャーフライを打つ際、二塁キャンバス付近に人を備《そな》えさせる。

シートノックは通常、バックホームを終えた外野から上がっていき、続いて内野、最後にキャッチャーフライで締める。その際、多くのノッカーが二塁付近に人を立たせ、「失敗」に備えさせる。恥ずかしいことに、機能することが多い。

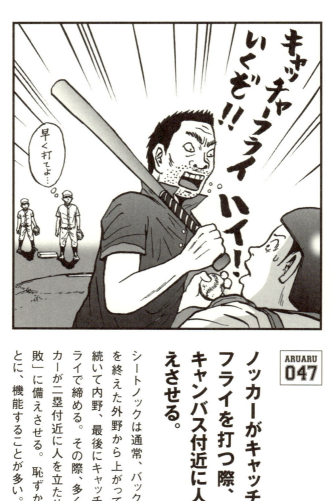

ARUARU 048

試合前の両チーム集合で「相手より先に並ぶ」という謎の勝負が始まっている。

試合前の抑えきれない高ぶりをぶつけるのが、試合開始時の整列。いかに相手より速く並ぶか…に集中し、審判の合図とともにベンチ前から猛ダッシュ。野球の前に、ビーチ・フラッグス的な戦いが繰り広げられているのだ。

ARUARU 049

冬場にクラスメイトから「坊主で寒くないの?」と言われすぎて、うんざりする。

冬場の学校生活の中で、最もうっとうしい質問だ。そんなの寒いに決まってる。ずっと坊主頭だから、わからないという選手もいるだろう。髪型が自由なサッカー部に「理解できない」といった口調で言われるのが、一番腹立たしい。

ARUARU 050

選手たちに「自己管理がなってない」と説教する監督がヘビースモーカー。

ヘビースモーカーだけでなく、大酒飲みの監督から「自分を律《りっ》することの大切さ」を説かれても、まったく説得力を感じない。反面教師が目の前にいるのだと割り切って、話を聞き流すしか切り抜ける方法はないだろう。

ARUARU
051

授業に遅刻して教室に飛び込むと、先生から「アウト〜!」と言われる。

朝のホームルームはもちろん、昼休み後の5時間目など、ギリギリ間に合ったかな? と思いながら教室に入ると待っているのがこれ。特に野球部員数人で連れ立って遅刻すると危険。先生は言ってみたくて仕方ないのだ。

ARUARU 052

引退後の中途半端に伸びかけた髪型が、坊主よりダサい。

好きな髪型解禁、やった～！　と思うが、ことはそう簡単ではない。髪が伸びるには「時間」が必要なのだ。近年は段階を踏んで伸ばす選手が増えている。その第一形態が「ソフトモヒカン」。そこから徐々に伸ばしていく寸法だ。

ARUARU
053

本気で抑えにかかってくるバッティングピッチャーがうっとうしい。

野手がバッティングピッチャーを務めると、よく引き起こされる。打者としては、自分のフォームを確かめたり、試したりしたいのに、バッティングピッチャーが気迫むき出しで抑え込みにかかってくる、この温度差。いい迷惑である。

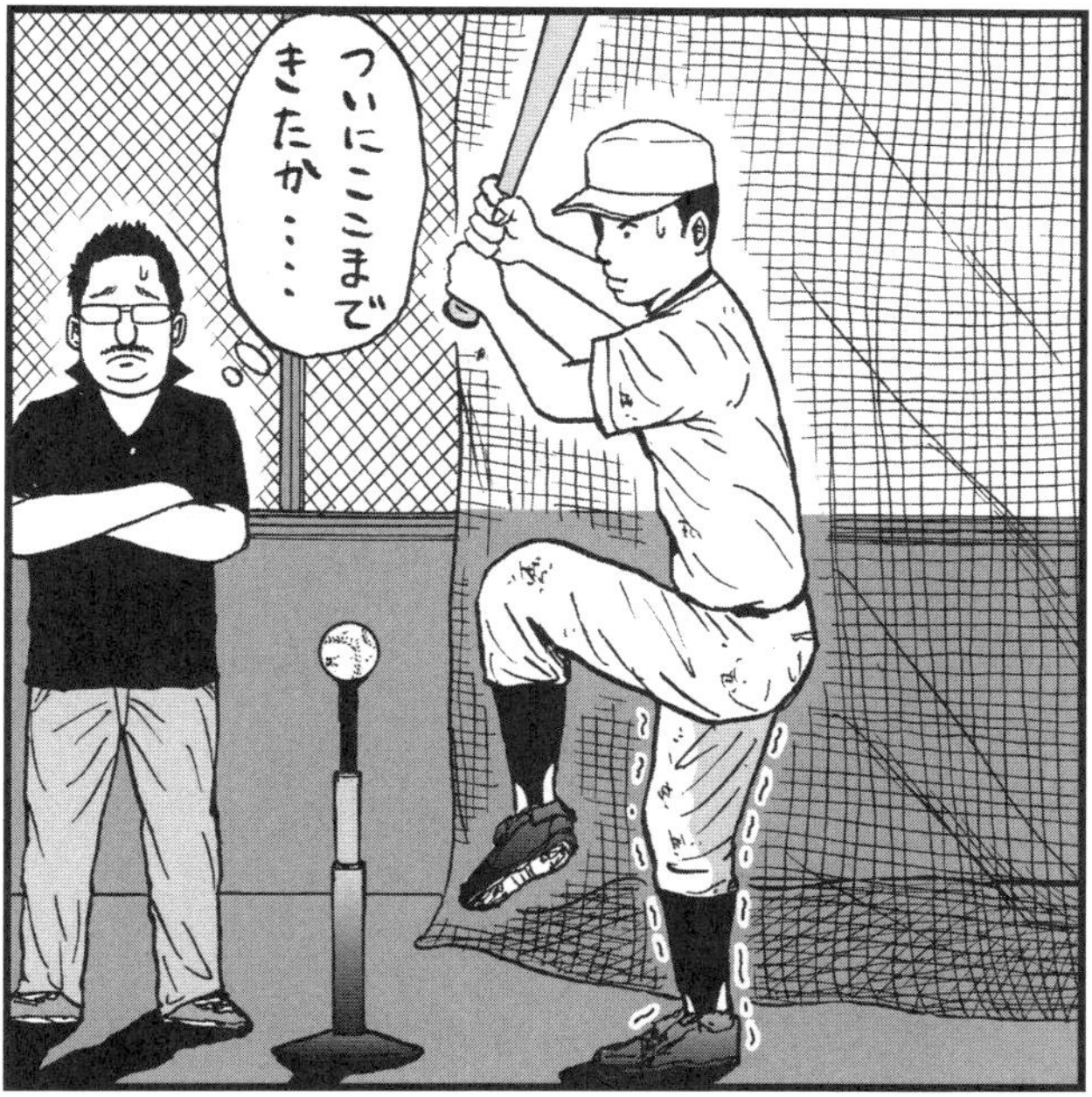

ARUARU 054

不調になると、とりあえず一本足打法に挑戦してみる。

打撃という名の迷宮から出られなくなった時、多くの人間が救いを求める聖地。それが〝一本足打法〟だ。時にはこれがはまって不調を脱することもあるが、長続きしないのが常だ。気づいたら元のフォームに戻っていることが多い。

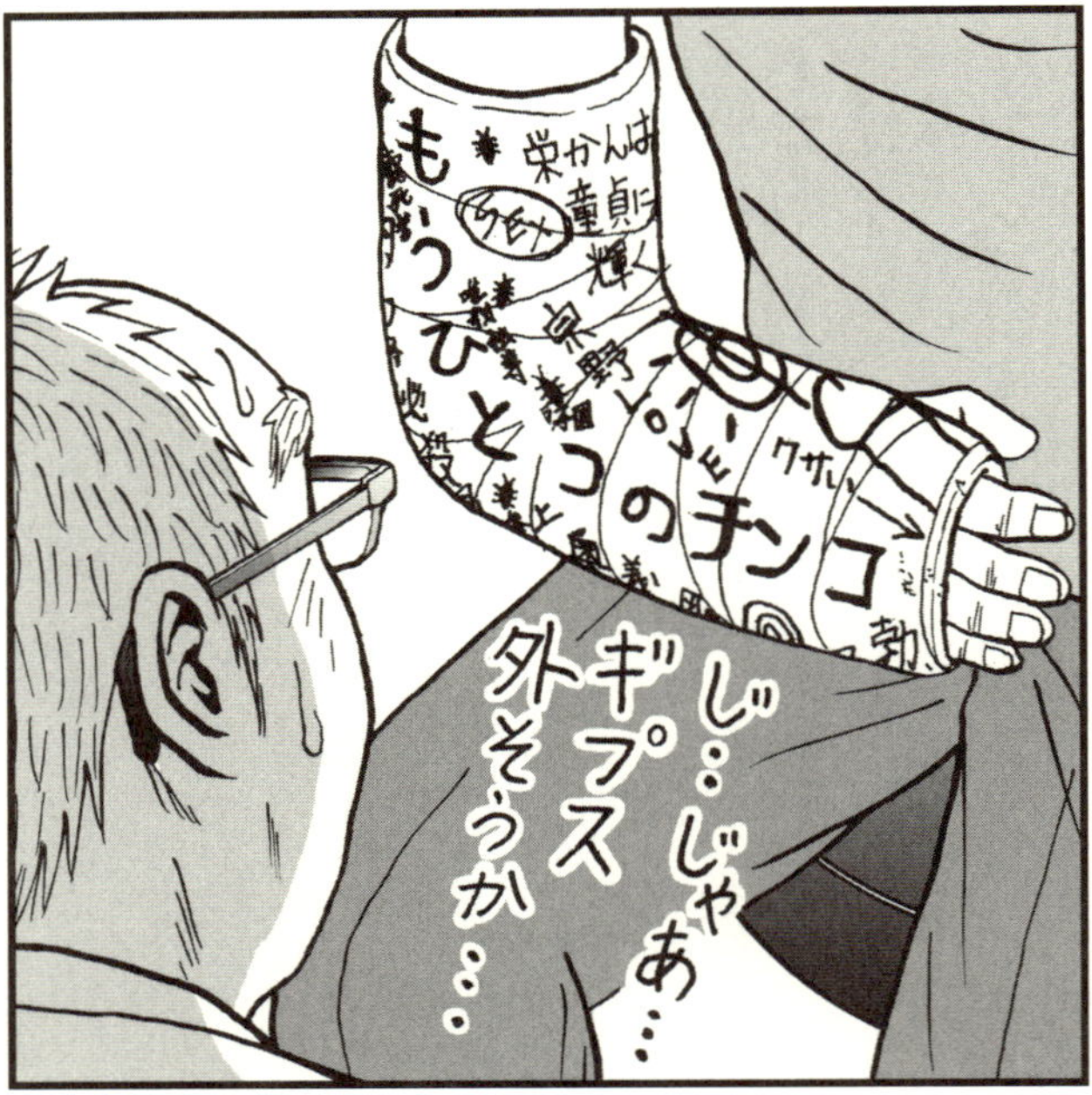

ARUARU 055

骨折した選手のギプスが落書きで埋まる。

野球部員の落書き…。俳句を一句詠《よ》んでみせたり、風流な落書きなど、まずあり得ない。だいたいが卑《ひ》猥《わい》な、文化度0％な言葉・絵・記号のオンパレード。骨折した選手は病院に行くと同時に、修正液の購入もオススメしたい。

ARUARU
056

素振りをする際、自分で「カキーン!」という効果音をつける。

素振りとは一種の精神修養《しゅうよう》でもあると思う。何もない空間をブンブン振り続けるという行為は、時に「気がふれるんじゃないか?」と思える破壊力を秘める。精神バランスを保つために、打球音を自分でつけるのは、防衛本能なのだ。

ARUARU 057

「勉強に専念したいから」という理由で退部した奴が遊んでいる。

退部の理由に多いのが「勉強」。しかし、よくよく見ていると、髪を伸ばして彼女を作ったり、チャラチャラ過ごしているケースが多く、続けている部員のやり玉に挙がりやすい。途中で逃げた人間のことは、かなり監視しているのだ。

ARUARU 058

水泳帽の繊維《せんい》の合間から毛がはみ出てチクチクする。

坊主頭に水泳帽をかぶせると、なかなか滑稽《こっけい》で味わいのある現象が起こる。帽子からチョコチョコと毛がはみ出るのである。だからといって、どうということもない。ちなみに言わずもがなではあるが、形状的にマリモを連想させる。

ARUARU 059

ブルペン捕手が途中で球数を数え忘れる。

ブルペンで投球練習をしていると、突然ピッチャーが「今、何球?」とたずねてくることがある。そんな時に素早く答えられるのは、上級のブルペンキャッチャーだ。地面に「正」の字を書いておくキャッチャーもいる。

ARUARU 060

グラウンドを独占して打撃練習をすると、打っている間はいいが球拾いの段階で後悔する。

誰もいないグラウンドで、２人だけで打ち込む自主練習。ぜいたくな時間だが、楽しいのは打っている間だけ。最後は打ち込んだ大量のボールを片付けなければいけない。「次からはティーバッティングでいいか」と後悔するのだ。

ARUARU 061

「楽にいけ！」と言われて、楽になれた選手を見たことがない。

緊迫したミスの許されない場面、監督、チームメイトから掛けられる常套句《じょうとうく》といえば、「楽にいけ」。いや、気を遣《つか》ってくれているのは重々わかってる。本当にラク～な感じでプレーしたら怒られることも…。だから楽になれないのだ。

ARUARU 062

カットマンが自分との距離をもの凄く詰めてくることに傷つく外野手。

例えば外野手の頭を越えた打球に追いつき、ダイヤモンド側に振り向いたその時。内野のカットマンがどのあたりの位置にいるかで、自分の肩への信頼度が判明する。猛烈な勢いでカットマンが迫ってきていたら、グレてしまいたくなる。

ARUARU 063

遠征バッグから弁当を取り出すと、たいてい「寄り弁」になっている。

野球部の遠征バッグの形状は横長が多い。そのため、弁当箱を底部に固定することが難しく、移動中に弁当箱も動いてしまい、結果「寄り弁」になる。ちなみに寄り弁によってグレープフルーツの汁がご飯に混ざると、相当まずくなる。

ARUARU
064

別に重大な機密事項を話しているわけではないのに、グラブで口元を隠す。

プロ野球で、バッテリーが何を話しているのかを敵チームに悟られないように、グラブで口を隠して会話する光景が見られる。これを野球部員もマネするわけだが、別に聞かれても問題ない、どうでもいい内容を話していることが多い。

ARUARU
065

自主練習中に投手と打者が対決していると、ビーンボールを巡って乱闘ごっこが始まる。

自主練習中によくある一コマ。危ないボールが投じられた瞬間、その時代に注目を集めたプロ野球の乱闘シーンを再現する茶番が始まる。なお、開戦の際にはスタン・ハンセンの入場曲を熱唱するのを忘れないようにしたい。

ARUARU 066

6限目の終わりが近づくと、ソックスにはき替える。

練習前にいろいろと準備があるため、一刻も早くグラウンドに向かいたい1年生に多く見られる行動パターンだ。選手によっては前もって制服の下にアンダーシャツやスライディングパンツを着込んでいることもある。

ARUARU 067

なぜか行きよりも帰りのほうがバッグがふくらむ。

野球部七不思議の一つに数えられる怪奇現象。たとえユニフォームを丁寧に畳んでみても、やはり帰りのほうがふくらんでしまう。かといって、すごく困ることかと言われればそうでもないので、不問《ふもん》に付されることがほとんどである。

ARUARU
068

ボークをコールする審判の表情が、たいていどや顔。

「前もって狙ってたんじゃ…」と思えるほど、不自然にキレのいい審判のコール。ボークを犯したピッチャーが崩れやすいのは、ボークによって動揺したからではなく、審判のどや顔に腹が立ちすぎているからではないだろうか。

ARUARU
069

ずいぶん近づいてくる外野手のポジショニングを見て、自分の打力の評価を知る。

打席に入る前から、敗北感に打ちひしがれることは間違いない。中には「もはや内野手では？」と思えるほど、なめたポジショニングをしてくる外野手もいる。しかし、それもこれも、打てない（打てそうにない）自分の責任なのだ。

ARUARU 070

不規則な回転のキャッチャーフライを、生きたウナギをつかむように捕球する。

不規則な回転のキャッチャーフライほど、捕りにくいフライもない。ミットから飛び出そうと暴れるボールをこぼさないようにあわてふためく姿と、ウナギを手づかみでつかまえようとする人の姿がダブって見えてしょうがない。

ARUARU
071

捕手の「しまってこうぜ」に合わせて、控え選手が両手と片足をあげる謎の儀式を行う。

イニングが始まる直前、ベンチ前にズラリと並んだ控え選手たちが、捕手の声に合わせて両手と片足を揃えてあげる。まるで五穀豊穣《ごこくほうじょう》を祈るかのような光景だが、この儀式をいつ、誰が始めたのかは、謎のベールに包まれている…。

ARUARU 072

他校の野球部員を見かけると、とりあえずバッグの校名をチラ見する。

街中で他校の野球部員とバッタリ遭遇《そうぐう》した際、とりあえずチェックするのは髪の長さと、バッグに刺繍《ししゅう》された学校名だ。まず坊主頭のミリ数で競い合い、続いて学校名の格を争う。それだけで野球部員同士は語り合うことができる。

ARUARU 073

ヘルメットの下に帽子をかぶると、弱そうに見える。

ヘルメットのサイズにバリエーションが限られている中学野球ならまだしも、高校野球でこのスタイルを貫くのは勇気がいる。どうしても貧弱な印象を持ってしまい、対戦校はその時点で心理的に優位に立つことができる。

ARUARU 074

ドリンクを飲む時、小指が立たないように気をつける。

疲れてくると、ペットボトルなどを持ってドリンクを飲む時、無意識のうちに小指が立ってしまいそうになる。そこでハッと気づいて立たせないようにするか、立たせてしまうか。ここが勝負の分かれ目…と言ったら、過言である。

ARUARU 075

授業のソフトボールで二塁ベースに入ってしまったクラスメイトに、基本的なポジショニングから教える。

野球部では「当たり前」と思っていることが、学校生活の中ではそうでないことを思い知らされる。特に、野球・ソフトボールは、初心者にとってはルールが複雑でわかりにくい。タッチアップの解説など、教えるべきことは多い。

ARUARU 076

後逸《こういつ》した打球を取りに行く外野手の背中ほど、寂しいものはない。

自分のミスで後ろに逸《そ》れたボールを取るために、遠ざかっていく外野手の背中。この世にこれ以上もの悲しい光景があるだろうか。詩人たちは、今すぐこの外野手の背中を見に行くべきだ。きっと創作意欲を掻《か》きたてられるに違いない。

ARUARU 077

「ストライクゾーン」を使って恋の話をする。

モロ好みのタイプは「ど真ん中」。これは無理、というタイプは「ボール」など、野球部員は女性の好みをストライクゾーンになぞらえて話すのが大好き。ちなみに、一般的な感覚を持っていない選手は「悪球打ち」と呼ばれる。

ARUARU
078

引退して髪が伸びてから、チームメイトの天然パーマを知る。

坊主頭の時は、それぞれの髪質などわからない。野球部を引退して数カ月経ったのちに「え、あいつサラサラヘアーだったの？」「えっ、あいつ天パー？」と意外な事実が判明する。中には本人すら知らなかった…なんてことも？

ARUARU 079

「野球は楽しい」ということを引退後の草野球で思い出す。

野球部時代に「野球が楽しい」と思える人というのは、実は限りなく少ない。引退して、草野球に興《きょう》じた時、「野球って、こんなに楽しいものだったんだぁ」と気づく。その結果、現役時代よりも伸び伸びプレーできる選手が多い。

ARUARU 080 **鬼監督が突然「野球を楽しめ!」と言い出し、戸惑う。**

COLUMN ①

男子校と共学の間に高くそびえる壁

男子校の野球部と共学の野球部との間には、決して越えられない「壁」が厳然と存在している。

共学は、男子校を特別に意識することはないだろう。ただ、「むさ苦しい連中だな」程度には思っているかもしれない。ただし、男子校の野球部員たちの共学への敵意といったら、とてつもなく膨大なエネルギーになる。

共学にいるというだけで、どんな選手も「女とチャラチャラしやがって」と、ひとくくりにされてしまう。ベンチに女子マネージャーがいたり、スタンドにチアガールがいたり、黄色い声援を聞くたびに、男子校野球部員は怒りのボルテージを上げていく。そうやって共学への憎しみを燃やしていかないと、目の前のボールが涙で見えなくなってしまう。彼らは繊細な生き物なのである。

だから、同じ野球部といっても、男子校と共学では「別もの」とさえ言ってもいいくらい、性質が異なる。たとえば卒業後、酒席にたまたま野球部出身者がいた場合でも、その人が男子校か、共学かはまず最初に確認すべきだ。これによって話の方向はまるで違うものになる。

二章

現代野球部あるあるを探しに行く

〜変わりゆく母校で見つけた「野球部」

変わり果てた母校の野球部を訪ねて

駅からの道すがら、記憶の底から十数年前の断片を拾って、どの景色が残っていて、何が残っていないのか、見定めながら歩いた。当時から覚えているのは食べ物屋くらいで、こんなに緑が多かったのか、ということに今さら気づかされた。あたりは急に日が照ってきたせいか、蒸気で雨上がりの草いきれの匂いが、つーんと立ちのぼっていた。

母校に行ってみようと思ったのは、「〝現代の野球部あるある〟に触れたい」と考えたからだった。僕が高校球児だった時期から、今は12年も経っている。仕事柄、高校野球部のグラウンドに行くことが多く、ある程度野球部の生態は把握しているつもりではいるけど、見落としている部分もあるだろう。そして今は、携帯電話やインターネット全盛の時代。この時代ならではの「野球部あるある」が見つけられるのではないかという期待もあった。

ただ、不安も少なからずあった。それは、僕がいた12年前と今とでは、明らかに大きく変わっていることがあったからだ。

まず、学校が男子校から共学に変わった。男子校と共学の「気質」のギャップは大きい。正直言って、高校時代は共学のことなど「クソ食らえ」と思っていた。対戦相手に女子マネージャーがいると、無性に燃えた。そんな母校に女子がいるということは、僕にとっては大相撲の土俵で女性が四股《しこ》を踏むくらい、想像できないことだった。

そして、野球部が弱くなった。僕の高校時代もお世辞にも「強豪」とは言えなかったが、大会では2、3回は勝ち進む「中堅校」。何十年も昔には、春の都大会で準優勝したこともある古豪だった。しかし、共学化に伴い、男子生徒の数は少なくなり、野球部員もかなり減ったという。下校時間も厳しく定められるようになり、練習時間は大幅に短くなっているようだ。ちなみに2011年の夏の西東京大会では、1回戦で都立高校に逆転サヨナラ負けしている。以上の情報は、事前に仕入れておいた。

校門を抜け、レンガ造りの階段を下りると、そこに野球場がある。部長の丸山先生に、事前に「9時に行きます」と言ってあったが、20分ほど早く着いてしまった。

グラウンドでは、青いベースボールシャツを着た20人ほどの集団がアップを始めていた。バックネット付近でじっと見つめていると、何人かがチラチラとこちらをうかがいながら、ヒソヒソ話をしているような気がする。

「誰？」

「知らね」

そんな会話がなされているのだろうか。

僕の高校時代だったら、グラウンドにやって来た人には誰彼かまわず「チワッ！」と挨拶をしていた。しかし、今のバックネット付近は当時と違って駐車場などへの通り道にもなっており、人の通行量がとても多い。だから僕のことも、たまたま通りがかりに立ち止まって見学している人だと思ったのだろうか。僕がしばらく眺め続けているから、彼らは挨拶をするきっかけを失ってしまって、バツが悪そうだった。しかし、「来訪者に対して必要以上に敏感になる」という野球部員ならではの気質がここで感じられた。

しばらくすると、選手たちが一斉に帽子を取り、僕のいるバックネットより先に視線を向けて「ンチハ！」と声を上げた。このとき、選手全員が坊主頭をしていることに気がついた。

選手たちの視線の方向へ振り返ると、ユニフォーム姿の男性が監督室に入っていくところだった。急いで僕も後を追い、挨拶した。男性はにこやかな笑顔で僕を迎えてくださった。

「あぁ、どうも、監督の加藤です。丸山先生から聞いてますよ。ＯＢの方なんですってね。どうぞ自由に見て回ってやってください」

加藤監督は僕が野球部員だった頃の監督ではない。口角を上げると、前歯が数本抜けているのが見えた。このチームの監督になったのは今年で6年目だが、高校野球指導歴は40年を超える大ベテランだ。

監督に挨拶していると、部長の丸山先生もやって来た。丸山先生は若く、僕の高校時代にはまだ赴任もしていなかった。つまり、このグラウンドに僕の野球部時代を知っている人は一人もいないのだ。

「消えたもの」と「残っているもの」

グラウンドではアップ、キャッチボールを終えた選手たちが、フリーバッティングを始めていた。新チームが始まったばかりということもあってか、選手たちのスイングは鈍く、打球もなかなか外野まで届かない。

僕は密《ひそ》かに焦《あせ》り始めていた。ここまで〝現代野球部あるある〟を一つも見つけられていない。ただ母校に遊びに来たOBみたいになってしまっている。このままではラチが明かないので、実際に選手に話を聞かせてもらおうと、加藤監督に「誰が一番、話が面白いでしょうか？」と相談してみた。

「あぁ、それならキャプテンのヤマウチでしょう。学校の成績もとても良くてね、頭のいい子ですよ」

そこで、センターを守っていたヤマウチくんを呼んでもらった。

ヤマウチくんは、坊主頭がよく似合う幼さを残した顔立ちの高校2年生で、俳優の森山未來に少し似ていた。

――実は今、〝現代野球部あるある〟というものを探していて……。

このオッサンは何を言ってるのだろう、という顔をされるかと思ったが、意外にもヤマウチくんは真っすぐな目で僕を見据え、静かに「ハイ」という相づちを繰り返した。僕の言葉を脳味噌で咀嚼《そしゃく》して、自分の体の中に落とし込んでいるように見えた。「頭のいい子」というのは本当のようだった。

まずは「野球部あるある」の宝庫である「上下関係」ネタについて聞いてみた。するとヤマウチくんから、ほどなく衝撃の告白がなされた。

「実は今、野球部に上下関係はほとんどないですね」

――えっ、それはどういう……。

「一応、最初の頃は挨拶をちゃんとするとかあるんですけど、だんだんあやふやになっていくというか……。仲のいい先輩とギャグを言い合ったり、時には〝タメ口〟でしゃべったり、じゃれ合ったりもします。今の1年と2年も、普通に仲がいいですね」

背中から冷たい汗が流れていた。

僕が高校に入学した頃、2年生の怖い先輩から通告されたことがある。

「いいか、1年が3年に対して話していい言葉が3つある。『チワ!』と、『シタ!』と、『シマス!』。それだけだ。それ以外は絶対にしゃべるな」

「チワ！」は「こんにちは」。「シタ！」は「ありがとうございました」。「シマス！」は「失礼します」。そして実際に、それしか話さなかった。３年生が「話していいよ」という時だけ、背すじをピンと張りながら、こわごわと話したものだった。

そんな当時の思い出をヤマウチくんに語りながら、あることにハッと気づき、戦慄《せんりつ》した。

【どのＯＢも必ず言う「俺らの頃は…」。】（野球部あるある⑧）

今まさに、自分がＯＢの立場で、自分が最もうんざりさせられたような類《たぐい》の話を後輩にしてしまっている。

しかし、ヤマウチくんは退屈そうなそぶりは微塵《みじん》も見せず、「へぇ～」という表情で聞いてくれている。見た目は幼いが、中身はすっかり大人だ。果たして、自分が高校時代に大人とこんな感じで接することができただろうか……。日常的に卑猥《ひわい》な言葉ばかりを叫んでいた高校時代を思い出し、とても無理だと即座に思った。

気を取り直し、続いて「１年生の仕事」について聞いてみた。

「平日は朝に集まるんですけど、上級生は練習して、１年生はグラウンド整備をします。あとは練習前に道具の準備をしたり」

――ボール磨きはする？

「うーん、普段使うような練習球はしないですけど、遠征の前は〝ギンバコ〟を磨きます」

――えっ、何を磨くって？

「〝ギンバコ〟です」

その言葉を聞いて、10年以上前の記憶がありありと蘇《よみがえ》ってきた。〝ギンバコ〟……。確かに、自分たちもその言葉を使っていた。でも、ギンバコって何だったっけ？

「遠征に持っていく、試合前の練習球です」

あぁ、そうだそうだ。僕のチームではなぜか、遠征で使うきれいな練習球のことを〝ギンバコ〟と呼んでいた。なんだか、ものすごく懐かしい響きがする。なんで〝ギンバコ〟というのかは、全然わからないのだけど。

「僕も詳しくはわかりませんけど、先輩から聞いたのは、試合に使うボールのことは〝キンバコ〟と言うそうですよ」

ヤマウチくんがそう教えてくれる。

思わぬところで伝統の「野球部用語」が出てきた。他のチームで〝ギンバコ〟というのは聞いたことがないが、こんな言葉がいまだに残っていることをうれしく感じた。

ようやく最初の〝現代版〟にたどり着く

いまだに〝現代野球部あるある〟について聞けていない。

というわけで、そろそろ「携帯電話」など、現代を象徴するツールについて聞いてみた。

――携帯電話はみんな持ってる？

「全員持っていますね。スマートフォンは1年生で数人持っているかな」

――待ち受けやストラップで、野球部ならではという部分はある？

「うーん……、結構みんな適当ですよ。こだわりはないです」

――メールアドレスはどう？　野球用語を入れたり。

「好きなアーティストの曲とか、歌詞とかが多いですかねぇ」

なかなか糸口が見出せない。野球用語のメールアドレスについては、今まで中学・高校野球を取材していく中で聞いたことがあり、自信を持っていたのだが……。

――じゃあ、インターネットはする？

「はい。みんなミクシィしてます」

日本最大級のソーシャル・ネットワーキング・サービス（SNS）であるミクシィ。今は高校生も、インターネットの中でコミュニケーションする時代なのだ。

「1、2年合わせて9割くらいはやっています。マイミクになってる3年生の先輩が『誰とデートした』とか、『ここで遊んだ』とか書き込んでいるのを読んで、仲間内で突っ込み合ったりしています」

おぉ……、これが〝現代野球部〟らしいといえばらしい、初めてのあるあるだ。

【引退した先輩が、ミクシィに調子づいたことを書き込む】

……そんな感じだろうか。

ちなみに、引退した3年生13人のうち、彼女がいるのは5、6人とのこと。僕の高校時代は同学年に部員が20人いて、彼女がいたのは1人か2人だったと思う。それは男子校だからしょうがない。ただし、男子校でも甲子園に出るくらい強い野球部はモテるということも、最近人から聞いて知ったが、そのことは考えるだけで涙が出てきそうなので、頭の中から消し去ることにした。

ここで、長いこと話を聞かせてもらったヤマウチくんは、練習に戻っていった。

その後も、練習中に手の空いている選手を見つけては片っ端から声を掛けて、〝現代野球部あるある〟を探した。

中でも興味深かったのが「野球用語」の変化だ。

たとえば、キャッチャーが急所を保護するために付ける用具。僕たちは「キンカップ」と呼んでいたが、今はそう呼ばないらしい。「ファウルカップ」もしくは、「カップ」だという。

「遠征バッグ」のことは「エンバン（「遠征カバン」の略）」ではなく、「エンバ」。些細《ささい》な違いではあるが、少しずつ移り変わっていくことを感じた。

そして、バッティンググラブのことを「カワテ（「革手袋」から）」ではなく、「バッテ」と呼ぶのは草野球をやっていて聞いたことがあったのだが、守備用手袋のことを「シュビテ」と呼ぶことは、初めて知った。正直言って、打撃が「バッテ」なら、守備は「グラテ（グラブの手袋）」とかじゃないとおかしくないか？　と思ったが、現にそう呼んでいるのだから仕方ない。

ちなみに「バッティングピッチャー」のことは「バッピ」ではなく、「バッティングピッチャー」と略さずに呼んでいるのだという。他の用語は散々略しているのに、ワケがわからない。ただし、バッティングピッチャーを「バッピ」、バッティングキャッチャーを「バッキャ」と略すチームも現代にあるのは確かだ。

野球部の象徴「坊主頭」と現代球児たち

グラウンドの練習は、フリーバッティング、マシンを使った実戦形式のバント練習、バッティング練習と流れ、昼休憩を挟んで引き続きバッティング練習、シートノックと移っていった。その間、いろんな選手に話を聞かせてもらったが、1年・2年に限らず、とにかくみんな弁が立つということに驚かされた（ちなみに僕の高校時代より、偏差値は上がっている）。これは人によっては「頭でっかち」ととられてしまうこともあるだろうが、少なくとも僕には「大人」に感じられた。

「上下関係がない」という点にしても、先輩を完全になめきっているというわけではない。「生ぬるい」というよりは、それだけ分をわきまえられる「大人の関係」と言えなくもない。そもそも1歳か2歳違うだけで、王様か奴隷か……という極端なヒエラルキーに組み込まれてしまうのもおかしな話だ。「上下関係」の本質が「目上の人間を尊重すること」にあるとすれば、彼らがすでに「上下関係」を身につけていることは、僕自身が対話してみてよくわかった。

それらを踏まえた上で、とても疑問に思うことがあった。

なぜ、彼らは「坊主頭」なのだろう？

——坊主頭に抵抗はないの？

立て続けに聞いて回ると、選手たちは苦笑いをしながら、次々に答えていった。

「最初はあったんですけど、今は特に……」

「一度バリカンを入れると、何だか開き直っちゃいました」

「中学の時から坊主だったんで、抵抗はありませんでした」

……今ひとつ、腑《ふ》に落ちない。見ると、21人いる野球部員全員が坊主頭である。彼らほどの「大人」であれば、坊主頭など「指導者が部員を服従させ、縛り付けるための手段」と解釈して、反発してもおかしくないと思った。

なぜだろうと考えていると、1年前までは現役球児としてプレーして、今は大学に通う傍《かたわ》ら学生コーチとして携《たずさ》わっているハラくんが、こんなことを語ってくれた。

「むしろ野球をやっている間はずっと坊主でいたかったですね。坊主でエナメルバッグを持って、『高校野球をやってる』って感じがするというか……。坊主にすることで、何だか突き抜けたような感じになるんです。だから僕は、坊主でいられることがうれしかったですね。開会式で坊主にしていない高校なんか見ると、『なんで？』って思ってました。今、坊主頭じゃなくなって初めて、あいつらがうらやましいって思いますね」

そう言うと、ハラくんは坊主頭の後輩たちに視線をやった。

このハラくんの言葉で、胸につかえていたものがストンと下りてきたような気がした。

彼らはやはり、「野球部」でいたいのだ。

どんなに時代が移り変わろうとも、甲子園に行こうが行けまいが、全国の高校球児の一員でありたい。そのシンボルが「坊主頭」なのだ。それは僕が高校球児だった十数年前から、さらにもっともっと前から変わらない。「野球部＝坊主頭」の社会的認識（偏見？）を肌で感じながら、「野球部」の先輩たちから、現代の後輩たちへ、「坊主頭」は連綿と受け継がれているものなのかもしれない。

そう思うと、今は野球のレベルも、練習量も、部内のしきたりも、遊び方も（女性関係も）、全然違う僕と後輩たちの間に、れっきとした「上下関係」が生まれたような気がした。

午後5時近く、長かった一日練習が終了を迎える。

ユニフォームを着替え、帰り支度を始める選手たち。見ていると、こんな野球部あるあるが健在で笑えた。

【なぜか行きよりも帰りのほうがバッグがふくらむ。】（野球部あるある㊼）

その時に気づいたのだが、よく見るとバッグの肩紐が極端に短くなっている。どうしてこんなに短くするのか、選手に聞いてみた。

「いや、最近はこの形が流行《はや》ってるんです。他の学校の奴でも、やってるのを見かけますよ。肩には掛けないで、こうやって持つんです」

そう言うと、その選手はブランド物バッグのチラシ広告に出ているモデルのように、左手で肩紐を持ち、左肩にバッグを担いだ。

バッグからは雨上がりの草いきれの匂いがした。

三章　野球部あるある歳時記

野球部あるある歳時記

SPRING 春 はる

新入生あるある①

1年生が、やたらとお客さん扱いされる4月。

新入生あるある②

坊主頭の上級生を見ただけで、野球部の先輩と勘違いする。

新入生あるある③

「俺の中学時代の友達は○○（強豪高校）に行った」と語る選手は、たいていうまくない。

新入生あるある④

硬式出身と聞いただけで妙に卑屈になってしまう、軟式出身。

新入生あるある⑤

自分の字に自信が持てず、練習用ユニフォームの名前を親に書いてもらう。

新入生あるある⑥

幼なじみの先輩をうっかり「君付け」で呼んでしまい、お灸《きゅう》を据えられる。

新入生あるある⑦

仮入部で、強豪中学から来たという選手にビビるが、のちに控えだったことが発覚する。

新入生あるある⑧

練習後、ボールが落ちていないか血まなこになってチェックしたはずなのに、翌日先輩に発見される。

菊地選手のワンポイントコメント

暗い中で必死に探したのに、明るくなると「え、あんなとこにあった?」と思うくらいわかりやすい場所に落ちてることも…。当然、先輩からこっぴどく洗礼を受けるハメになる。

VS監督あるある①

放課後の職員会議が、長引くとうれしい。

菊地選手のワンポイントコメント

選手にとって「監督がいつ来るか」は日々の死活問題。常に神経をすり減らし、監督の動向を探るのが野球部員の習性だ。その神経すべてを野球に向けられたら…というのは言わない約束。

VS監督あるある②

なかなか人前で帽子を取らない監督に対して、ある疑惑が持ち上がる。

VS監督あるある③

3年なのに監督から名前を間違えられた日の夜、人知れず枕を濡《ぬ》らす。

声出しあるある①

掛け声のバリエーションが「いこーぜ～」しかない。

声出しあるある②

「声出せ！」と言われてから出す声は、だいたい中身がない。

アピールあるある①

監督がグラウンドに来る前と後で、声の大きさがまるで違う。

アピールあるある②

「よし、快心の当たり！」というスイングに限って、監督が見ていない。

アピールあるある③

ファウルボールが飛んだ瞬間、ベンチを飛び出し、監督にアピールする。

ランニングあるある①

全員ランニングで、足並みを揃えるためにケンケンで調整する。

ランニングあるある②

全員ランニングで、足並みが揃わなくなった選手が徐々に脱落していく。

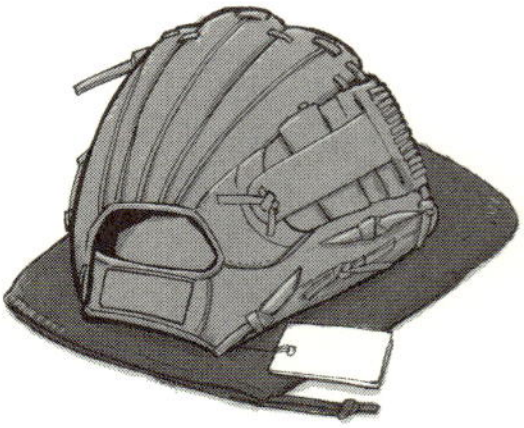

キャッチボールあるある

肩の強い選手とキャッチボールすると、自分が思いきり助走して投げた距離をノーステップで返され、そのたびに気が滅入《めい》る。

守備あるある①

悪送球をしたあと、首をかしげながら指先を見つめる。

守備あるある②

新米コーチのノックだと、外野手はゴロの練習しかできない。

守備あるある③

フリーバッティングで右打者が打っている間、ライトが暇《ひま》を持て余す。

守備あるある④

「どんどんストライク入れていけよ」と言う野手陣と、「それじゃ打たれるんだよ」と思うバッテリー。

守備あるある⑤

「俺、外野はできないんだよね」と語る選手は、内野だってたいしてうまくない。

守備あるある⑥

シートノックで3→6→3のダブルプレーを練習するが、実戦で決まる気がしない。

菊地選手のワンポイントコメント

強豪校でもない限り、基本的にファーストを任される選手の動きにはキレがない。捕球、送球、ベースカバーの流れが全部遅いから、ストップウオッチで計ったら5秒くらいかかりそう。

守備あるある⑦

虎視眈々《こしたんたん》とライトゴロを狙っているが、結局1球も飛んでこなかった。

打撃あるある

マシン相手だと打てるのに、生身の投手にはからっきし、という打者がいる。

投手あるある①

「こいつにはストライクを投げておけば大丈夫」という打者に限って、ストライクが入らない。

投手あるある②

キャッチャーから「もっと腕を振れ」と言われるが、「それをやるとストライクが入らない」とは言えない。

投手あるある③

ブルペンの投球が逸《そ》れて試合中断することが何度か続くと、その投手がリリーフすることに不安を覚える。

投手あるある④

ツーナッシングからフォアボールを出した直後の「もったいないよ〜」。

起爆剤あるある

上級生のていたらくに怒り心頭の監督が「実力があれば下級生でも使う」と宣言するが、実力のある下級生がいない。

フォームあるある

トルネード投法に挫折《ざせつ》する。

捕手あるある①

プロ野球を見てリードの勉強をするが、そもそもチームにリード通りに投げられるピッチャーがいない。

捕手あるある②

遠征に出る前日、キャッチャー用具を誰も持ち帰りたがらない。

捕手あるある③

ブルペン捕手がすべてのボールに対して「ナイスボール！」と言って、監督に怒られる。

捕手あるある④

言っても言わなくても同じだとわかっているが、かといって言わないとモヤモヤするので言う「しまっていこうぜ！」。

菊地選手のワンポイントコメント

イニングが始まる前にキャッチャーが叫ぶお決まりのフレーズ。言われなくても、「しまらないでいこう」なんて思う選手はいないのに。かといって、言わないと何となくしまらない。

プロ野球あるある

自分の腕前はとりあえず棚にあげておいて、プロ野球選手をボロクソにけなす。

メガネあるある

メガネの選手がプレー中に、メガネに変なゴムみたいなのをつける。

ルールあるある①

インフィールドフライがコールされたが、打球がフェアゾーンに落ちた時、攻撃側も守備側も一瞬パニックになる。

ルールあるある②

ボークの規定がうろ覚え。

記録員あるある

複雑なプレーが起こると、スコアブックにどう書いていいかわからない。

監督の名言あるある

「3年あると思ったら大間違い。実質2年4カ月しかないんだ！」という監督の訓示。

監督の迷言あるある

監督が自分の奥さんのことを「ウチの監督」と言う。

左利きあるある

「左だから」というだけの理由で、とりあえず投手の適性を試される。

言い方あるある①

デッドボールのことを「デットボール」という。

言い方あるある②

フォアボールのことを「ファーボール」という。

言い方あるある③

「ファースト」を「ホワスト」と発音する指導者がいる。

学校生活あるある①

顧問の授業だけは目が冴《さ》え渡る。

学校生活あるある②

野球以外の日常でもスライディングをしすぎるため、ズボンのヒザ部分に穴があく。

菊地選手のワンポイントコメント

野球部員の学校ジャージの穴あき率は異常だ。考えてみれば、学校は教室、廊下、体育館と、もはや「スライディング練習場」と言ってもいいくらいの環境だから、仕方のないことか。

学校生活あるある③

ソフトボール投げ（またはハンドボール投げ）の時によく聞く「俺、でかいボールを投げるの苦手なんだ」という言い訳。

マシンあるある①

ピッチングマシンの調節については右に出る者がない、整備士的存在がいる。

マシンあるある②

調子の悪いピッチングマシンは、緩急自在の好投手になる。

試合前あるある

普段ノックなどめったに打たない監督が、公式戦でノックをすると、何食わぬ顔でキャッチャーフライを省略する。

自主練あるある

毎日素振りをするぞ、と意気込んでいたが、マメがつぶれてからうやむやになっていく。

彼女あるある①

「野球が恋人」という強がり。

彼女あるある②

彼女のいる選手がミスをすると、「女にうつつをぬかしてるから」というレッテルを貼られる。

女子マネあるある

父親から『もしドラ』を手渡されて、うんざりする女子マネージャー。

上下関係あるある①

「グラウンドでは先輩も後輩もない！」と言われるが、嘘だと思う。

上下関係あるある②

レギュラーより補欠のほうが後輩に厳しい。

上下関係あるある③

かつてヤンチャだったと噂の後輩に、心のどこかで遠慮がある。

上下関係あるある④

死角にいた後輩に大声で挨拶され、ビクッとする。

上下関係あるある⑤

生意気な1年生を発見した3年生が、2年生に苦情を言う。

上下関係あるある⑥

「たるんでる」とみなされた1年生が、5月になると2年生に呼び出される。

上下関係あるある⑦

1年生に難癖《なんくせ》をつけるために生きているかのような上級生がいる。

上下関係あるある⑧

バッティングピッチャーをしている時、怖い先輩ほど、ストライクが入らなくなる。

上下関係あるある⑨

練習試合で怖い先輩の前でイレギュラーが起こった瞬間、震え上がるグラウンド整備部隊。

上下関係あるある⑩

1学年に1人は先輩のモノマネを生業《なりわい》にしている選手がいる。

上下関係あるある⑪

「大物ルーキー」が看板倒れだとわかり、狂《きょう》喜乱舞《きらんぶ》するベンチ入り当落線上の3年生。

体型あるある

チームで一番体の小さい選手のポジションがセカンド。

定期試験あるある

試験休み明けの練習で、ストレッチ中にあちこちから聞こえてくる「いてててて」。

坊主頭あるある

バリカンのアタッチメントを付け忘れて、大《だい》惨事《さんじ》が引き起こされる。

漫画あるある

野球漫画を読みながら、「こんなマネージャーいねえよ」と思う。

道具あるある①

グラブはオイルを塗《ぬ》れば塗るほどいいと思っている。

菊池選手のワンポイントコメント

オイルを塗りすぎると、型くずれを起こしやすくなるので注意が必要。水をあげすぎると良くない植物のようなものかも。恥ずかしながら、自分も高校時代は塗りまくってました…。

道具あるある②

ソックスを忘れ、はいていたくつ下を代用するが、とてもごまかしきれない。

道具あるある③

ミットを買ったとたん、コンバートを告げられる。

道具あるある④

新品のグラブやスパイクへの愛着が、雨の日の練習を境に急激にトーンダウンする。

道具あるある⑤

スパイクに開《あ》いた穴をテーピングでふさぐ。

道具あるある⑥

ピッチャーではないけど、野球用品店の人に「付けたほうがいいよ」と勧められるがままに付ける、スパイクのP革。

天気あるある①

授業中から雨が降ったりやんだりしていて、「今日の練習は外かな…、室内かな…」とさんざん気をもみ、結局外で練習することになった日は、練習前から精神的にぐったりしている。

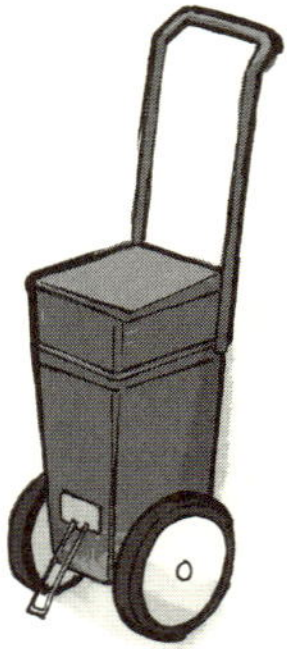

天気あるある②

室内練習があらかた済んだ段階で雨がやみ、グラウンド練習に切り替わる時ほど、お天《てん》道《とう》様を恨むことはない。

変化球あるある

フォークボールの握りを試してみるが、すぐさま「俺はＳＦＦで行こう」と切り替える。

怒られるあるある①

グラブから人差し指を出していると、指導者から小言を食らう。

怒られるあるある②

サインを出そうとする監督の前に立ちはだかり、怒鳴られるバット引き。

怒られるあるある③

ボールボーイが審判にボールを渡しに行くタイミングを間違えて怒られる。

怒られるあるある④

ボールをとらえた感触よりも、ケツバットを食らった感触が残っている。

怒られるあるある⑤

グラブを雨ざらしにした選手が、監督のカミナリに打たれる。

怒られるあるある⑥

ミスしたチームメイトに「ドンマイ」と声を掛けると、監督から「ドンマイじゃねぇ！」としかられる。

怒られるあるある⑦

プロ野球みたいにネクストバッターズサークルで素振りをしてたら、監督に「座れ！」と怒られる。

怒られるあるある⑧

ノックでイージーな打球をエラーした時に指導者が言う全国共通の決めゼリフ「そんなの小学生でも捕れるぞ！」。

野球部あるある歳時記

SUMMER

夏

なつ

3年生あるある①

夏を前に突然コンバートを申し出て、最後の賭けに出るベンチ入り当落線上の3年生。

菊地選手のワンポイントコメント

最後は何としてもベンチ入りしたい3年生。今からレギュラーになるのは無理でも、「ここの控えなら」と計算してコンバートを志願する。「悪あがき」とか言うのはやめてください。

3年生あるある②

引退して、髪を伸ばせばモテるはずだ、という幻想を抱《いだ》く。

3年生あるある③

3年生が引退した後のスタメンを予想する2年生。

3年生あるある④

口癖《くちぐせ》が「引退したら海」。

3年生あるある⑤

夏休み前に引退していると、クラスで肩身が狭い。

3年生あるある⑥

引退後の中途半端に伸びかけた髪型に、合う服がない。

VS監督あるある①

「なんでそんなことができねぇんだ！」と罵《ののし》られるが、「教え方が悪いから」とは言えない。

VS監督あるある②

「ウチよりきつい練習をしてるチームはない」と語る全国各地の監督たち。

⚾ VS監督あるある③

試合前に監督から「自分たちの野球をやろう」と言われるが、その野球でほとんど勝ったためしがない。

⚾ VS監督あるある④

エンドランを読まれてウエストされた時、手を出さないと怒られるのは納得できるが、サインを出した側への不信感が少し残る。

⚾ 引退後あるある

卒業後に後輩の応援に行くと、髪型やファッションをコーチに突っ込まれる。

⚾ 開会式あるある

毎年繰り返される、同じトーンの選手宣誓。

⚾ 機転あるある

「間を取ろう」と思った選手がタイムを要求し、ほどけてもいないくつ紐《ひも》を結び直す。

着替えあるある

ストッキングバンドをしていたところが、かゆくなる。

引っ掛かりあるある

デッドボールを受けた直後、相手の一塁手から謝罪がないことが心の隅に引っ掛かり続ける。

着こなしあるある

審判に「下げすぎだ！」と怒られないズボン裾《すそ》のラインを追究する。

言い訳あるある

太陽が目に入りフライを落球したあと、原因をもう一度アピールするために、手をかざして空を見上げる。

球場あるある

「目指せ甲子園」とは言うものの、プロ野球でも使用するくらいの球場で試合ができただけでも、少し得した気分。

試合前あるある①

試合前に相手チームのランニングを見て、実力を値《ね》踏《ぶ》みする。

試合前あるある②

じゃんけんの研究に余念がない主将。

試合前あるある③

主将が整列時に列が真っすぐにならないことを気にしすぎる。

涙あるある

ベンチを引き上げるまで気丈《きじょう》にふるまっていた主将が、全員を前にした最後の挨拶で堪《こら》えきれずに号泣する。

コーチャーあるある

監督から「三塁コーチャーは第二の監督だ！」と言われ任命されるが、できることなら試合に出たい。

自分の世界あるある

多少のケガをおしてプレーを続ける自分に酔う。

守備あるある①

颯爽《さっそう》と、ボテボテの打球を素手で捕り送球しようとするが、ボールが手につかない。

守備あるある②

ピンチの場面で「こっちに打たせろ！」と投手に声を掛けるが、本音としては三振で終わってほしい。

守備あるある③

エラーを犯したあと、周りから「いつも通りでいこう！」と声を掛けられるが、いつもこんなものである。

守備あるある④

偽投《ぎとう》しようとしたらボールが指に引っ掛かってしまい、あられもない方向へ飛んでいく。

守備あるある⑤

声を掛けないとぶつかりそうで危ないとわかっているのに、咄嗟《とっさ》に声が出ない。

ホースあるある

水まきに定評のある選手がいる。

水分補給あるある①

守備を終えてのどカラカラでベンチに帰ってきたら、控え選手が自分より先に水を飲んでいる光景に、ぐっと憤りを飲み込む。

水分補給あるある②

スポーツドリンクのペットボトルを凍らせて持っていくと、溶けた分はその都度すぐ飲んでしまい、もどかしい思いで容器をシャカシャカ振る。

水分補給あるある③

スポーツドリンクのペットボトルを凍らせて持っていくが、後半は味が薄くなる。

水分補給あるある④

夏場に水道で頭から水をかぶると一瞬オアシスが見えるが、練習再開後にそれが蜃気楼《しんきろう》だったと知る。

菊地選手のワンポイントコメント

夏場の練習で一番の楽しみ。水道水を坊主頭に浴びせると、頭皮に直に冷水が感じられて、この上なく気持ちいい。ただ、その気持ち良さは練習再開後に一気に吹き飛ばされる…。

水分補給あるある⑤

水道からスポーツ飲料が出てくればいいのに……と思う。

水分補給あるある⑥

40代以上のOBが必ずする「水飲めなかった話」。

大会直前あるある

開会式前日の最後のメニューが行進の練習。

スタンドあるある①

選手名簿で珍しい名前の選手を探す。

スタンドあるある②

チーム全員で他チームの試合を観戦するが、5回くらいで飽きる。

スタンドあるある③

スタンドの口ラッパ隊があまりに苦しそうな顔で高音を出そうとする姿を見て、むしろこちらを応援したくなる。

スタンドあるある④

夏の大会に1試合だけ応援に来て、スタンドで公然と監督批判をし、チーム改革を訴えるOB。

せつないあるある①

コールド負けを回避《かいひ》するために送りバントを命じられ、やるせなくなる。

菊地選手のワンポイントコメント

何とか目先の1点を取りに行く野球。理解はしているつもりだけど、本気で逆転しようと思ったら1点じゃ全然足りないはずで…。結局、バントは試みるものの、その葛藤がやるせない。

せつないあるある②

痛みを隠してプレーしても、漫画のように誰かが気づいてくれるわけではない。

走塁あるある①

ヘッドスライディングしたはずみでベルトが切れ、ランナーコーチのベルトを貸してもらう。

走塁あるある②

塁間に挟まれた際、なんとかタッチをかいくぐって逃げ切ったと思いきや、スリーフィートを越えている。

打撃あるある①

際どいボールを見送った選手に送られる「ナイスセン！」という言葉の「セン」が、選球眼のことなのかセンスのことなのかわからない。

打撃あるある②

「振らなきゃ何も始まらない」とよく言うが、そんなこと見逃した本人が一番わかっている。

菊地選手のワンポイントコメント

選手からしてみれば、ボールだと思ってるから見逃すわけで。手が出なかっただけという時もあるけど、時には「見逃した勇気」をほめてもらってもいいと思うのだけど…。

たらればあるある

もっと早くに野球を始めていれば、今ごろもっとうまくなっていたはずだと思う。

チームメイトあるある①

ケガさえなければ…という、ガラスのエースがいる。

チームメイトあるある②

ヒットを打ったのに、塁上で首をかしげる完璧主義者がいる。

テレビ鑑賞あるある①

『熱闘甲子園』を見ながら、自分が出た時のシミュレーションをする。

テレビ鑑賞あるある②

甲子園で負けて泣いている球児をテレビ中継で見て、「甲子園に出られるだけいいじゃねぇか」と思う。

必勝あるある

試合当日の朝ご飯にカツが出てくる。

伝令あるある

ピンチになるとマウンドまで伝令が走ってくるが、意外とその言葉に救われたと思ったことがない。

道具あるある

ヒジあてやレガースをつけて打席に入る選手を見ると、「けっ、気取りやがって」と思うが、自分も一度はつけてみたい。

スピードあるある

スライディングによってスピードが殺される。

投手あるある①

エースの最高スピードが、プロ野球選手のカーブくらいしか出ない。

投手あるある②

カウントがノースリーになると、野手から「勝負しよう！」と声を掛けられるが、もともと勝負してそうなっている。

とりあえず…あるある

タッチアップで点を失った直後、ボールを受け取ったサードが無駄とは思いながらも三塁ベースを踏む。

菊地選手のワンポイントコメント

ランナーの離塁を確認するため…という建前があるとはいえ、ほとんどサードは「アウトだったらもうけもの」という感覚。審判にセーフと言われても、「やっぱね」という感じだ。

夏合宿あるある①

合宿の晩ご飯がカレー。

夏合宿あるある②

合宿中、タオルを巻いて風呂場に入ると、「ノーガード」の監督から「なに男同士で隠してるんだよ」と言われる。

ベンチメンバーあるある

「声」だけでベンチ入りできる選手がいる。

バッテリーあるある①

投手に低めを意識させたくて極端に低く構えるが、投手は「そこに投げてもボールだろ」と思っている。

バッテリーあるある②

投手も捕手も「抑えているのは自分のおかげ」と思っている。

控え選手あるある①

ベンチ前でキャッチボールをしていると、スタンドから「おーい13番、試合に出ろ～」といった無茶ブリが飛んできて、苦笑いするしかない。

控え選手あるある②

ブルペンやベンチでは元気な控え捕手ほど、試合に出ると表情がこわばる。

不安あるある

ガラの悪い学校との試合中に、試合後の心配をしている。

不運あるある

大会前に体育の授業でケガをして、最後の夏を棒に振る3年生。

部室あるある

トーナメント表を部室に貼ると、最初は勝ち上がりを赤ペンで丁寧につけていくが、自分たちが負けたとたんに更新が止まる。

保護者あるある①

代打に起用された選手の親が、スタンドで他の保護者から祝福を受ける。

保護者あるある②

公式戦敗退直後、保護者の「たられば」が止まらない。

ベンチあるある①

「気持ちだぁ〜！」としか声の掛けようがない、コールド負け寸前の惨状《さんじょう》。

ベンチあるある②

「とにかく声を出せば逆転できる」と思う心理状態。

捕手あるある①

バントシフトのサインを出す捕手の動作が、わざとらしすぎる。

捕手あるある②

ショートバウンドがデリケートな部分に当たって悶絶《もんぜつ》している捕手が、チームメイトに腰のあたりをポンポンと叩かれる。

捕手あるある③

ショートバウンドがデリケートな部分に当たって悶絶している捕手が、その場でピョンピョンとジャンプさせられる。

捕手あるある④

ショートバウンドがデリケートな部分に当たって悶絶している捕手に対して、コールドスプレーを持ってきて怒られるベンチ部員。

練習中あるある

練習中の集中力を奪う大敵・股《また》ズレ。

有望選手あるある

鳴り物入りで入学してきた逸材のピークが1年夏。

塁審あるある

投手に声を掛けようとマウンドに歩み寄ると、塁審が猛スピードで止めに入る。

菊地選手のワンポイントコメント

夏の審判はとにかく急かす！「最後の夏」なんて甘っちょろい感傷はなし。イニング間もダッシュを催促！　でも審判の水分補給で試合が始まらないことがあるのは不条理な気が…。

負け方あるある①

強豪相手にコールド負けを回避すると、負けたのに安堵《あんど》感を覚える。

負け方あるある②

公式戦最後の打席で絶対に間に合わないとわかってるけど、やらずにはいられないヘッドスライディング。

野次馬あるある

開会式が始まる前、とりあえず有名選手を見に行く。

ヤジあるある

敵陣の汚いヤジに対してやり返したくなるが、自分のチームはヤジ禁止なので、泣き寝入りするしかない。

⚾ **応援あるある①**

試合序盤、ブラバンとの息が合わないことのイライラが頂点に達し、勝手に口ラッパを始めてしまうスタンド部員。

⚾ **応援あるある②**

応援のやり方について、あれこれと口うるさい先輩の打席では応援に熱がこもらない。

⚾ **応援あるある③**

「かっとばせ～●●●！」と、下の名前を叫ぶが、普段そう呼んだことがない。

⚾ **応援あるある④**

ファウルボールをメガホンの口でキャッチしようとするスタンド部員。

⚾ **応援あるある⑤**

ブラバンの演奏している応援歌が原曲と微妙に違っていて、むずがゆい思いをする。

⚾ **応援あるある⑥**

ブラバンのテンポより、いきり立った応援部員たちのメガホンが先走る。

応援あるある⑦

スプリンクラーの水がスタンドまで届くのを心待ちにする応援部隊。

菊地選手のワンポイントコメント

炎天下の応援は見た目以上に過酷。そんな試合前の楽しみが、スプリンクラーの水まき。スタンドの前列に届くミストが一服の清涼剤に。時には鮮やかな虹も拝むことができる。

応援あるある⑧

敵チームの応援なのに、無意識にメロディーを口ずさんでしまうスタンドの部員。

学校名あるある①

「明大中野八王子って、結局どこだよ！」という会話が飛び交う（東京限定）。

学校名あるある②

「東村山西って、結局どっちだよ！」という会話が飛び交う（東京限定）。

野球部あるある歳時記

AUTUMN

秋

あき

1年生あるある

新チームが始まったが、レギュラー獲得うんぬんの前に監督に名前を覚えてもらいたい1年生部員。

3年生あるある①

3年生が引退後に成長して、「それを夏に発揮していれば…」と言われる。

3年生あるある②

引退直後の解放感からくる浮かれが、アンチ野球部の生徒たちの反感を買う。

菊地選手のワンポイントコメント

「この支配からの卒業」を果たした後の3年生は、まず解放感で変なテンションになる。坊主頭に合うファッションもチャラチャラして見えるし、学校中のアンチ野球部の非難の的に…。

VS監督あるある①

指導者から「練習のための練習はするな」と言われるが、それを実践するには練習量が多すぎる。

VS監督あるある②

監督、コーチに秘密のあだ名がつく。

VS監督あるある③

「自主練習」のはずなのに、指導者が監視している。

VS監督あるある④

練習中に怒った指導者から「帰れ！」と言われて、本当に帰ろうとすると、本気で怒られる。

VS監督あるある⑤

「集合！」の号令がかかり、一斉に集まるが、「遅い」と難癖をつけられ、やり直しを命じられる。

VS監督あるある⑥

塁間に挟んだ走者にタッチができずボールが往復するごとに、監督の怒りのボルテージが上がっていく。

菊地選手のワンポイントコメント

一発で仕留めれば何も問題はなかったのに、手こずってしまうと大変。仮にアウトになったとしても、何往復もした後では、怖くてベンチの方向を見ることができない……。

VS監督あるある⑦

「何度も同じこと言わせんな！」と何度も言われる。

VS監督あるある⑧

監督を激怒させ「明日までに何が悪かったか考えてこい！」と言われるが、翌日に監督を満足させる答えを出せず、火に油を注ぐ。

VS監督あるある⑨

監督が「社会常識」について、とうとうと持論を説くが、それにしては監督自身が破天荒《はてんこう》すぎる。

ケアあるある

肩・ヒジのケアよりも、ニキビのケアに余念がない。

悪態あるある

見逃し三振を喫したあとにベンチで吐く「あんなコース、手を伸ばしたって届かないよ」という審判批判。

言い方あるある

「フォースアウト」のことを「ホースアウト」と覚える。

イニング間あるある

攻守交代時、正捕手の代わりに投球練習を受けに行くのを忘れて怒られる控え捕手。

嫌味あるある①

あまりに空振り三振が多いことに業を煮やした指導者が、「素振りは練習だけにしろ」と皮肉を言う。

嫌味あるある②

ブルペンでボールが高めに抜けてばかりいる投手が「敬遠の練習はしなくていいんだよ」と皮肉を言われる。

外野手あるある

バックアップをさぼった時に限って送球が逸れる。

学校生活あるある

クラスメイトに「おい、ハゲ」と呼ばれ、「ハゲではなく坊主だ」と力説する。

監督の迷言あるある①

イチローにフォームが少し似ている選手に対して、監督が皮肉を込めて使う「お前は『0.1ロー』だ!」という、微妙なギャグ。

監督の迷言あるある②

初回の大量失点が響いた試合後、監督がスコアボードを指して言う「見ろ、試合が2回から始まってたら勝ってたんだぞ」という無意味な一言。

希望あるある

自分には特別な才能がないと気づいた時、ナックルボールのマスターに最後の望みを託す。

気休めあるある

ポテンヒットを許した投手への「打ち取ってるよ〜！」という、せめてもの慰《なぐさ》め。

キャッチボールあるある①

野手だけど、キャッチボールでこっそり変化球を試す。

キャッチボールあるある②

キャッチボールでアンダースローを試すのは、後ろに取りに行くのが大変だからやめてほしい。

結果論あるある

初球打ちに成功したら「思い切りがいい」と言われ、失敗したら「淡白」と言われる。

コーチャーあるある

一塁コーチャーを任され、際どいタイミングの駆け抜けで、プロ野球みたいにセーフのジェスチャーをすると、塁審に怒られる。

才能あるある

センスのある選手ほどチームメイトのプレーに興味がない。

試合前あるある

とにかく白線を踏まないようにする。

試合後あるある

負け試合のあと、「今日の審判辛《から》くね？」などと、アンパイア批判をする選手。

守備あるある①

初めてレフトかライトを守ると、どのあたりに立てばいいのかわからない。

守備あるある②

普通に握り替えたほうが速いのに、わざわざグラブトスをしたがる。

守備あるある③

普通にノーバウンドで捕球できる打球なのに、わざわざダイビングキャッチしたがる。

条件反射あるある

監督から「わかったか！」と言われ、大声で「ハイ！」と返すが、「じゃあ何がわかったか言ってみろ！」と振られると何も答えられなくなる。

菊地選手のワンポイントコメント

監督から何を言われても、とにかくまず「ハイ！」と答える習慣がついてしまっている。典型的な例が「お前、小学生か！」「ハイ！」もしくは「やめちまえ！」「ハイ！」…など。

スコアブックあるある

打った本人は強襲ヒットだと思っているが、ベンチの記録員がエラーをつける。

制裁あるある①

練習試合の戦犯が、第２試合でずっと正座をさせられる。

制裁あるある②

監督の腹いせとしか思えない特別メニュー「俺がいいと言うまで走ってろ」。

せつないあるある

「切れる」と思ったバントの打球が塁線上にピタッと止まった瞬間、世のはかなさを知る。

退部者あるある

「やっぱり自分には野球しかない」という理由で、恥をしのんで再入部してしまう。

打撃あるある①

絶好球をファウルしたあと、首をかしげながらバットの芯を見つめる。

打撃あるある②

自分の打率をガッチリと下支えしている、ポテンヒットと内野安打。

打撃あるある③

外国人選手の打撃フォームをよくマネするが、それで試合に出る勇気はない。

チームメイトあるある①

使ってる道具だけは主力級、という控え選手。

チームメイトあるある②

監督批判ばかりしていた選手が、スタメンで起用されるようになってから毒を吐かなくなる。

チームメイトあるある③

頭が大きくて、明らかにヘルメットがフィットしていない選手がいる。

代走あるある

代走で試合に出たのにけん制球で刺された日の夜、自分がどうしてこの世に生を受けたかを考える。

通学時あるある

電車の吊革《つりかわ》をつかんで、ヒジのしなりをチェックする。

遅刻あるある

事情があって練習に遅れて出る際、グラウンドからこちらが見える地点から小走りになる。

敵は我に在りあるある①

追い込まれてから粘ってカウントツースリーに持ち込むと、フォアボールを狙うもう一人の自分が現れる。

敵は我に在りあるある②

「外野フライでも1点」と思いながら打席に入ると、外野フライすら打てない。

伝達あるある

ベンチにいる選手全員で声を出すため、かえって指示が伝わらない。

道具あるある①

「ただ単に貼りたいだけでは？」と思えるほど、テーピングの消費ペースが異様に早い選手がいる。

道具あるある②

バットケースの底が破れる。

道具あるある③

バットが10数本あると、グリップをずらしながら、らせん階段のように積む。

道具あるある④

遠征先にロジンバッグを持っていくが、管理が甘く、バッグの中が粉まみれになる。

投手あるある①

投手本人は「スライダー」と申告しているが、軌道はカーブにしか見えない。

投手あるある②

エースに変化球の持ち球を聞くと、4つくらい球種をあげるのに、試合で守っていると1つしか確認できない。

恥あるある

遠征先に野球ノートを忘れ、相手校の物笑いの種になる。

戸惑いあるある

首脳陣の言うことが、一人一人違う。

ノックあるある①

選手だけでやる外野ノックはだれる。

菊地選手のワンポイントコメント

ちゃんとフライを打てる選手ならいいが、だいたいはゴロばかりの退屈なノックになる。ミスショットも多く、グラウンドにノッカーの「ノー！」という叫び声が何度もこだまする。

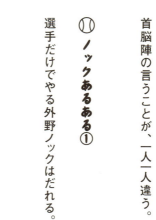

ノックあるある②

シートノックの「いいボールバック」で、最後まで残される顔ぶれはだいたい同じ。

バッセンあるある

バッティングセンターの左打ちケージに行列ができる。

菊地選手のワンポイントコメント

これはバッティングセンターを経営してる方に切にお願いしたいのだけど、左打ちケージを増やしてください！　今は右投左打全盛の時代。需要と供給のバランスが合ってません！

バッテリーあるある①

盗塁を許した後、内心で投手は捕手のスローイングを責め、捕手は投手のモーションを責める。

バッテリーあるある②

捕手は「ワイルドピッチだ」と思っているが、投げた投手は「パスボールだ」と思っている。

雰囲気あるある

三振を奪った直後のボール回しでもたつくと、不穏な空気が流れる。

フリーバッティングあるある①

無断で変化球を投げてくるバッティングピッチャーがうっとうしい。

フリーバッティングあるある②

バッティングピッチャーをやりたがる野手は、たいてい試合のマウンドに立てるレベルじゃない。

控え選手あるある

ミスしたレギュラーに替わって守備につくが、アピールしたいという気持ちよりも「つつがなく終わりたい」の気持ちが勝つ。

ブルペン捕手あるある

ブルペンで投球中、ど真ん中にボールが行くとキャッチャーが「カキ～ン、ホームラ～ン！」と言う。

変化球あるある①

自分の持ち球である変化球に魔球風の名前をつける。

変化球あるある②

正直言って違いはわからないのだけれど、左投手のシンカーを「スクリュー」と言っておく。

ベンチ外部員あるある

練習試合の審判をやらされる時は、三塁塁審を希望する。

菊地選手のワンポイントコメント

主審は言わずもがな、一塁塁審も仕事が多く、二塁塁審はポジショニングが複雑で難しい。比較的プレッシャーがかからない三塁塁審が、ベンチに入れない部員の人気を集める役割だ。

ボール集めあるある

少し離れたボールケースに向かって、バスケットのワンハンドショットのフォームでボールを放つ。

捕手あるある

捕手失格の烙印《らくいん》を押された大型選手のコンバート先は、たいていファースト。

もったいないあるある

1日だけ臨時コーチに来てくれた人の有益なアドバイスを1日で忘れる。

ランニングあるある①

強風の日に全員ランニングをしていると、数名の帽子が飛ばされて列が乱れる。

ランニングあるある②

練習締めの全員ランニングで、周数をちょろまかすという集団犯罪に手を染める。

レッテルあるある

試合前にトイレに行こうとすると緊張してるとみなされる。

練習のための練習あるある

複雑なフォーメーションのサインプレーを練習するが、試合でサインが出たことがない。

練習休みあるある

野球部員だけで私服で集まると、何人かは帽子をかぶっている。

若気の至りあるある

「夢はプロ野球選手」と書かれた小学校の卒業文集を、なるべく人目につかないように隠す。

悪だくみあるある

内角のよけられそうなボールに対して、「ぶつかってからよける」という偽装工作を図るが、審判に見破られる。

野球部あるある歳時記

WINTER 冬 ふゆ

VS監督あるある①

正座して監督の説教を聞いていると、説教の内容よりも足のしびれに脳内が支配される。

VS監督あるある②

ミーティング中に自分より眠そうにしてる選手を探すことで眠気をまぎらわす。

VS監督あるある③

指導者同士の会話のなかで「最近の子は…」というフレーズが頻出《ひんしゅつ》する。

VS監督あるある④

何でもかんでも最後は精神力のせいにされる。

VS監督あるある⑤

監督の車のナンバーをチェックしておく。

菊地選手のワンポイントコメント

ナンバー、車種、色は最低限チェックしておきたい。あとは監督がやって来たことをいち早く察知できるよう備えるだけ。野球部員の「リスク回避能力」はこうして養われていく。

VS監督あるある⑥

聞くに堪《た》えない監督の恋愛論。

VS監督あるある⑦

バッティンググラブをつけていると、監督から「そんなのが必要なほどバットを振ってないだろ」と嫌味を言われる。

VS監督あるある⑧

練習中に気分が悪くなって休みたい時、まるで不治の病を患《わずら》ったかのごとく、つらそうな表情で監督に報告する。

VS監督あるある⑨

監督から「挨拶」を徹底させられるが、ときどき監督に挨拶すると無視される。

VS監督あるある⑩

一生懸命やってるつもりなのに、指導者から「手を抜くな！」とよく怒られる選手がいる。

VS監督あるある⑪

練習終了直後にチームメイトとふざけていると、監督に「その元気を練習で使えよ」と嫌味を言われる。

VSコーチあるある①

腕立て伏せをする時、腕よりも腰を巧みに動かす偽装工作を図るが、コーチに見破られる。

VSコーチあるある②

筋トレや素振りなどの本数を目ざとくチェックしているコーチとのイタチごっこ。

言い伝えあるある

「炭酸を飲むと骨が溶ける」。

菊地選手のワンポイントコメント

同じくカップラーメンやスナック菓子を禁止するチームも多々あり。ただし、炭酸飲料を飲んで骨が溶けた…という野球選手の事例は、今までに一度も聞いたことがない。

お店あるある

狭いラーメン屋に入ると、バッグの置き場に困る。

自宅あるある①

家で仰向《あおむ》けに寝転がってボールを天井スレスレめがけて放るが、まんまとぶつけてしまう。

自宅あるある②

練習であまりに疲れすぎて、玄関で寝てしまうことがある。

自宅あるある③

湯船に浸かって手首を鍛える。

自宅あるある④

自室に飾るボールに何か気の利いたことを書こうと思うが、いいアイデアが浮かばず結局「一球入魂」と書いてしまう。

自宅あるある⑤

野球ゲームのエディット機能で自分をプロ野球選手にするだけではあきたらず、野球部のチームメイトも作成する。

書き方あるある

「バント」を「バンド」と書く。

言い方あるある

タイ・カップのことを「タイ・カップ」と覚えている。

学校生活あるある①

授業中に自分のサインを考える。

学校生活あるある②

野球部じゃない人が野球部のマネをする時、「バッチこーい！」と言うが、実際そんな言い方はしない。

学校生活あるある③

陸上部に１５００m走で勝ってしまう。

学校生活あるある④

ケガを理由に練習を休んでいるのに、体育の授業には出ているため、チームメイトから疑惑の眼差《まなざ》しを向けられる部員。

学校生活あるある⑤

あらゆる部活から「野球部ばっかり」と言われる。

体作りあるある

プロテインの味が賛否両論。

聖夜あるある①

12月24、25日は、今日が何の日かを忘れるために、練習に打ち込む。

聖夜あるある②

したり顔の指導者が「俺からのクリスマスプレゼントだ」と言い渡す、追加の練習メニュー。

上下関係あるある①

先輩のさまざまな「実験」に付き合わされる。

上下関係あるある②

正座できる時間が長くなった。

ケータイあるある

メールアドレスに「bb」「89」など、野球を連想させる要素が入っている。

正月あるある

「お年玉やるよ」と言いながら、地面にボールを落とすギャグを披露したチームメイトに殺意を覚える。

退部あるある

野球部を辞めた奴の理由が、当初は「練習についていけない」だったのに、いつの間にか「監督とソリが合わなかった」という、武勇伝的なものにすり替わっている。

打撃あるある①

冬場のフリーバッティングで、芯を外した時の痛みが怖くてバットを思い切り振れなくなる。

打撃あるある②

センス抜群の選手に打撃理論を教えてもらうが、結局マネできそうにない。

菊地選手のワンポイントコメント

打撃について、どんなに悩んで、考えて、練習して…を繰り返しても、その努力をあざ笑うように存在する「センス」。センスのある選手の理論を聞いても、感覚的すぎてわからない。

クーデターあるある

集団ボイコットが計画倒れに終わる。

チームメイトあるある①

ケガを申告している選手が本当に故障をしてるのか疑い、その行動を監視するように見つめるGメン的な選手がいる。

チームメイトあるある②

筋トレではすごいのに、打撃練習になると輝きを失う選手がいる。

親子あるある

親に「野球への情熱を少しは勉強に向けてくれたらねぇ」と言われる。

テスト勉強あるある

部活停止をちらつかされ、仕方なく勉強にいそしむ。

伝統あるある

OBが「俺の代でやめさせた」と誇らしげに語る部の古い慣習は、だいたいその後、復活している。

道具あるある①

「なんでソックスの上にストッキングをはくの?」という素朴な問いに、ちゃんと回答できない。

菊地選手のワンポイントコメント

もっともらしく「くるぶしを保護するため」なんて人もいるけど、眉唾もの。かつてはハイカットが流行した時期もあったが、今はローカットのストッキングが主流になっている。

道具あるある②

糸がほつれた硬球を解体して、芯を摘出《てきしゅつ》する。

道具あるある③

シーズン中はいつもグラブをはめるが、冬場はいつも軍手をはめる。

道具あるある④

誰も使わなくなったグラブが部室の隅で干からびる。

道具あるある⑤

シャトルを打ち込む光景をバドミントン部に目撃され、絶句される。

不安あるある

来学期、大物ルーキーが入学する噂を聞くが、笑えないベンチ入り当落線上の新3年生。

暇つぶしあるある①

ボールを片手で何個持てるかを競う。

暇つぶしあるある②

備品のビデオカメラで、「映像作品」を作る。

暇つぶしあるある③

ヒマを持て余しすぎると、誰かがボールでお手玉を始める。

トレーニングあるある①

ラダーをやると、必ず足先に引っ掛けて配置を乱す選手がいる。

トレーニングあるある②

ひと冬越せば楽しみと言われている選手が、冬場に故障している。

トレーニングあるある③

手押し車はヒザから上を抱えるようにして持つとラク、という裏技を編み出す。

トレーニングあるある④

好きなトレーニングはと聞かれると、「イメージトレーニング」と言う。

トレーニングあるある⑤

選手だけで行う「ロードワーク」には、疑惑の匂いがつきまとう。

トレーニングあるある⑥

筋トレが好きな選手ほど、アンダーシャツの袖をまくり上げたがる。

トレーニングあるある⑦

冬練の目標が当初は「技術の向上」だったはずなのに、いつの間にか「乗り越えること」にすり替わっている。

菊地選手のワンポイントコメント

毎日のトレーニングが厳しすぎて、次第に本来の目的を忘れ、この時期を乗り越えることが大命題になってしまう。実際に期待したほど春に成長していないのは、これが原因と思われる。

振り込みあるある①

「その素振りでは高めしか当たらないのでは？」と思えるスイング軌道の選手がいる。

振り込みあるある②

素振りをしている自分に酔いでもしないとやってられない。

振り込みあるある③

ロングティーをしてもゴロしか打てない。

捕手あるある

キャッチャーの愛読書が『野村ノート』。

豆知識あるある

「ボールの縫い目と煩悩《ぼんのう》の数は同じ」という、おそらく出典は『巨人の星』のうんちくを語る指導者。

身だしなみあるある

男らしいと勘違いして、うぶ毛のようなヒゲをたくわえる選手がいる。

野球部ギャグあるある

大学野球までやってた人が鉄板ネタとして使う「俺は●●学部卒業じゃなくて、野球部卒業だ」というジョーク。

優先順位あるある

練習中の優先順位は「うまくなる」より「怒られない」が上位。

失敬あるある

中年太りした選手が部外の人に「コーチかと思った」と言われる。

役職あるある

みんな都合のいい時しか「キャプテン」と呼ばない。

練習後あるある

「自主練習しないなら早く帰ればいいのに」と思う、部室の主《ぬし》がいる。

練習の合間あるある①

走るのは遅いのに、水飲み場にはいつも一番に着いている選手がいる。

練習の合間あるある②

帽子をチームメイトに取ってもらうと、フリスビーのように放って渡される。

練習休みあるある①

カラオケに行くと、歌の合間に監督の悪口をシャウトする。

練習休みあるある②

ゲームセンターのパンチングマシンで監督への憂さを晴らす。

笑いあるある①

部内のムードメーカーが「お前は吉本に行け」と言われる。

笑いあるある②

部内ではムードメーカーとして君臨しても、内輪ネタか下ネタ中心のため、卒業後は伸び悩む。

引退後あるある

今、もう一度1年春からやり直せると言われてもお断りだが、野球部にいて良かったとは思っている。

COLUMN ②

哀愁の〝外野手あるある〟

本編（一章・三章）の中には、いくつかの【外野手あるある】が登場する。ここでは残念ながら、本編に入れられなかった【外野手あるある】を紹介したい。

▼マウンドに内野陣が集まっている時は手持ち無沙汰。

▼ポジションとベンチの往復ダッシュで消耗する。

▼レフトができればライトもできると思われる。

▼投内連係の練習では、もっぱらランナー役。

▼天然芝の球場の時はとりあえず定位置付近の芝がはげているところに守る。

▼たとえ冗談でも「外野は黙ってろ」と言われると傷つく。

▼バックしたのに打球が前に落ちた時、人生を否定された気がしてくる。

▼「ポジションどこやってるの？」と聞かれて答えたときのリアクションが、明らかに薄い。

外野手ほどせつないポジションはないと思う。そんな外野手の悲哀を【外野手あるある】から感じてもらえたら、せめて救われた思いがする。

四章

野球部あるある都市伝説

～「ケガ人が赤帽をかぶる」は野球部あるあるか？

ある強豪中学チームで目撃した「野球部あるある候補」

そんな野球部の話を聞いたことはないだろうか。

聞いたことのない人にとっては、実に馬鹿馬鹿しい、どうでもいいような話だろう。しかし、「野球部のケガ人が赤い帽子をかぶっている」という目撃証言は実際にあるのだ。

【ケガ人が赤帽をかぶる】

ケガ人が赤帽をかぶる……。

信じられない人にとっては、実にくだらない、シュールな光景だと思うことだろう。練習用の真っ白な帽子をかぶった選手たちの中に混じる、真っ赤な帽子。なぜ、何のために「赤い帽子」をかぶるのか。かぶっているケガ人はどんな気分なのか。赤帽はどこで購入できるのか。そして、赤帽の起源には何が隠されているのか……。謎は尽きない。

これは、そんな〝野球部あるある都市伝説〟について、真剣に調査したレポートである。

ことの始まりは、雑誌『中学野球小僧』の、取材先だった。

僕は「菊地選手の一日体験入部」という、その名の通り、全国の強豪中学野球チームに一日体験入部するという体を張った企画を連載している。その日の取材先は、湘南クラブボーイズという、神奈川のボーイズリーグのチームだった。２０１１年の高校生ナンバーワン野手・高橋周平（東海大甲府高校→中日）も湘南クラブのＯＢである。

ランニングを終えて、早くも千鳥足になっている僕の目の前を、赤い帽子をかぶった一人の選手が歩いていた。

他の選手たちは白と濃紺が組み合わさったデザインの帽子をかぶっているから、その選手は明らかに異端に見えた。

そのとき、僕の中にある原風景がよぎった。「もしかして……」と思いながら息を弾ませ、その赤い帽子をかぶった選手に聞いた。

「もしかして、ケガしてる？」

その選手は、突然変な大人に話し掛けられた動揺を表情に出しながらも、ハッキリと「ハイ」と答えた。

やっぱり、そうか。「ケガ人が赤帽をかぶる」。僕がなんでわかったかと言えば、実は、僕のいた高校の野球部にも、その風習があったからだ。

今から十数年前の東京の私立高校。とりたてて強いチームではなかったが、冬場のトレーニングの時期になると、厳しい練習で故障者が続出した。その故障者はみな、チームの備品である赤い帽子をかぶらなければならない決まりがあった。そして彼らは、「赤帽（あかぼう）」と呼ばれていた。

この決まりについて、高校時代は特別な疑問を抱いたことはなかったが、改めて冷静に考えてみると、ものすごく奇妙なならわしである。しかし、それを他のチームでも目《ま》の当たりにしたことで、「もしかしたら、『ケガ人が赤帽をかぶる』って、わりと当たり前な、普通のことなのかもしれない」という気がしてきた。

また、この頃、ある新聞記事も目にしていた。埼玉のある高校の野球部監督が学校の成績などを参考に背番号を決めていた、ということを問題視している内容だった。正直言って、記事にするほどのことかな……と思ったことはさておき、僕が目をひん剥《む》いて読んだのは、ここから先だった。一部引用したいと思う。

「監督に就任した7年前には、テストで落第点をとった部員に『赤点帽子』と名付けた赤い帽子をかぶらせ、練習させたこともあったという」（読売新聞／２０１０年11月19日付）

突然、新聞にも姿を現した赤帽。ただ、ここでは赤帽をかぶる理由は「学業不振」で、「ケガ」とは異なる。「赤点だけに赤帽」……という関連性は、ケガよりも強そうだ。

何にせよ、野球部と赤帽を結びつける事実が続いたことで、僕の中で「赤帽も野球部あるあるといえるのではないか？」という思いが確信に変わりつつあった。

そこで、ツイッターで聞いてみた。「『ケガ人が赤帽をかぶる』を野球部あるあるに加えていいと思いますか？（ケガ以外の事由でも構いません）」と。

しかし、フォロワーからの反応は、驚くほど鈍かった。

「ケガ人が赤帽をかぶるなんて、初めて聞きました」

「見たことも聞いたこともありません」

ごく一部、「見たことがある」という人もいたが、「見たことない」という反応がほとんどだった。その後も期間を置いて何度か聞いてみたが、結果は同じだった。

今年の夏を前に、僕は調査の範囲を知り合いのライターや野球関係者に広げてみた。しかし、そこでの反応も、フォロワーのそれと大差はなかった。

「見たことない」という回答のオンパレード。某球団のスカウトにも聞いてみたが、「仕事柄、いろいろな学校を回って練習を見ていますが、見たことありませんね。昔はあった気もしますが……」という回答だった。

急に動き始めた「赤帽」調査

選手に赤帽をかぶらせる、というチームは極めて少なく、限定的な話なのだろうか……。僕が調査をあきらめかけた頃、四国でスポーツライターをしている寺下友徳さんから電話があった。

「愛媛の済美高校では、ケガ人が赤帽をかぶってますよ」

　なんと、あの「やれば出来る」の校歌でお馴染みの済美高校が、ケガ人に赤帽をかぶらせているという。寺下さんは、すぐさまメールで証拠写真も送ってきてくれた。確かに赤帽をかぶっている選手が、バット引きをしている。しかも、よく見るとストッキングも赤い。

「赤帽と赤ストッキングをはかせているみたいです」

　寺下さんはそう教えてくれた。そしてほどなくして、岐阜在住のライター・尾関雄一朗さんからも「県岐阜商で一時期、『ケガ人が赤帽をかぶる』風習があったようです」という情報が送られ、さらに東北地区のある甲子園常連校でも、「赤帽」を実施しているという情報が入った。

　そのチーム関係者が匿名を条件に、内情を明かしてくれた。

「ウチでは学生コーチが『赤帽』をかぶっています。そしてケガ人は『赤いストッキング』です。これは伝統ではなく、ここ数年でやっていることですね。『赤スト（赤いストッキングのこと）』は、最近ケガ人があまりにも多くて始めたんです」

　四国の済美高校も、東北の某高校も、ともにケガ人に「赤スト」をはかせているという。「赤スト」という発想は今回の取材で初めて知ったが、選手はどんな反応を見せるのだろうか。前出の某高校の関係者に聞いた。

「最初は恥ずかしいようですが、しばらくすると慣れちゃうみたいです。普通のストッキングより『赤スト』の方が本数を多く持っている、という〝万年ケガ人〟もいるくらいです」

さらに、群馬在住のライターである木村孝さんからも、実に興味深い情報が寄せられた。

「群馬では、前橋中央ボーイズが、『赤帽』と『ピンク帽』を使い分けていますよ。ケガ人が『赤帽』で、悪さを犯した者が『ピンク帽』のようです。あとは大阪のジュニアホークスボーイズも確か『赤帽』を使用していると聞きました。あの一二三《ひふみ》（慎太／東海大相模高校→阪神）も中学時代にかぶっていたそうですよ」

「赤帽」だけでなく「ピンク帽」……。そして大阪では、今やプロ野球選手になっている甲子園準優勝投手もかぶっていたとは。

非常に有益な情報を提供してくれた木村さんに感謝しつつ、「赤帽」だけでなく、「ピンク帽」まで実施しているという前橋中央ボーイズの元監督で、今は同系列チーム・前橋クレインボーイズの春原太一監督に話を聞いた。

「最初、ケガ人は試合用の帽子をかぶらせていたんです。でも、何年か前に神奈川の湘南クラブさんと試合をやらせてもらった時に、ケガ人が赤い帽子をかぶっているのを見て、いいなぁと思ってウチでも取り入れたんです」

なんと、前橋中央ボーイズの「赤帽」は僕が目撃した、湘南クラブが起源だったということが判明した。それにしても、公式戦用にしろ赤帽にしろ、そもそもケガ人に「違う帽子」をかぶらせる理由は何なのだろうか。

「ウチは選手の数が多いので、帽子を変えることによって『誰がプレーできないか』を一目で把握できるようにしているんです。あと、こういう〝特別扱い〟をすることによって、ケガ人の選手が『恥ずかしいから普通に戻りたい』と感じて、早くケガを治すんじゃないかな、と思いまして」

なるほど、確かにもっともな理由と仮説だ。では、「ピンク帽」にはどんな狙いがあるのだろう？

「眉毛をいじった子なんかは『眉毛が生えてくるまでかぶってなさい』と言って、ピンク帽を渡すんです。練習試合の時は相手チームに了承をいただいて、ピンク帽のまま試合に出させますよ。ピンク帽をやるようになってから、ウチで眉毛をいじる子は少なくなりましたね」

まさか、ピンク帽のまま試合に出場させるとは……。それは選手にとってもこの上なく恥ずかしいことだろう。ちなみに赤帽もピンク帽も、イベント用のカラー帽子として市販されており、安いものだと300〜400円程度で購入できるそうだ。

春原監督に話を聞いた後、前橋中央ボーイズの赤帽導入のきっかけになり、そもそも僕が赤帽を目撃したチームである、湘南クラブの田代栄次監督にも話を聞かなければ……と思った。

田代監督は１９７７年生まれの若い指導者だが、東海大相模高校→東海大学出身のバリバリの野球人。その野球人生の中で「赤帽」との出会いがあったのだろうか……。

「確か、僕が大学生の頃だから、15年くらい前に、大学の野球部でケガ人が赤帽をかぶっていた記憶があります」

のっけから、あっけらかんと語る田代監督。あの天下の東海大学野球部でも「赤帽」が実施されていたのか。

「大学を卒業して、湘南クラブの監督をするようになって、いつの間にか始めてましたね。だから10年以上前かな？　ハッキリとは覚えてないんですけど……。でも、最初は市販されていた『赤帽』をかぶらせていたんですけど、ケガ人が多くてだんだん帽子の数が足りなくなってきた。そこで、小学校の体育の時にかぶる『紅白帽』があるじゃないですか。それをケガ人には持ってこさせるようにしたんです」

つまり、僕が目撃した「赤帽」と思った選手は、実際には「紅白帽」だったのだ。あの、ゴム紐がついた紅白帽である。ヘタしたら「ピンク帽」より恥ずかしいだろう。

「ケガをしているということは、一人前の選手とは言えません。早くこの帽子を脱ぎたい、ケガを治して練習に復帰したい……と思ってくれたらいいなと」

田代監督は思いのこもった声で語ってくれた。確かに、中学野球にしても、高校野球にしても、実質的にプレーできる期間は長いようで短い。3年間ととらえられがちだが、実際は3年の夏までが一般的。その2年4カ月ほどの期間の大部分が、ケガによる治療に占められていたら、本当に不幸でもったいないことだ。「赤帽」(赤スト)を実施しているチームは、このことをユニフォームの一部を赤くすることで、選手にメッセージを投げ掛けているのだろう。

「紅白」対立の源流から見る「赤帽」

さて、ここで田代監督から「紅白帽」という言葉を聞いて、一つひらめくことがあった。

一般的な野球部の練習用帽子は「白」。つまり、ケガ人が「赤」をかぶることで、普通に練習できる選手とケガ人とが、「紅白」に分けられるのだ。

そもそも、「紅白歌合戦」に代表されるように、「赤」と「白」は対になることが多い。なぜ、赤と白が対抗するような関係になったのだろうか。この起源について調べてみると、なんと今から800年以上前の「源平合戦」にまでさかのぼることができる。

当時、源氏の旗の色は「白」で、平家の旗の色は「赤」だったという。赤と白の対立構造はここから始まり、脈々と日本文化の中に植えつけられ、それが小学校の「紅白帽」につながっているという説まである。

その真偽はさておき、実際に日本人の潜在意識の中に「紅白」の対立は深く染みついているといっても過言ではないだろう。そして、「ケガ人が赤帽をかぶる」という都市伝説の起源には、こんな仮説が成り立つのではないだろうか。

「日本で初めて『赤帽』を実施した人は、一般的な選手（白帽）とケガ人を区別するために、『白』と対になる『赤』の色がついた帽子を選手にかぶせた」

この仮説が正しければ、特別な起源・発信源がなくても同時多発的に赤帽を実施する学校が現れた理由の説明がつくし、済美高校などが実施する「赤スト」にも結びつく。埼玉のある高校が「赤点帽子」をかぶせたのも「紅白の対立構造」を使った、もう一つの形といえる。「白」を基調にした練習用ユニフォームの「野球部」だからこそ、「赤帽」は生まれたというわけだ。


取材先の「赤帽」との出会いをきっかけに、小学校の紅白帽や源平合戦まで、目まぐるしく行き交った冒険はいったんここで終わりとすることにしよう。そして最後に、堂々と言い添えておきたいと思う。

【ケガ人が赤帽をかぶる】は、〝野球部あるある〟である！

COLUMN ③

『野球部あるある』は強豪校に受け入れられるのか？

『野球部あるある』新装版の刊行を祝して、ご報告しておきたいことがある。

旧版が発売された時にひとつ気がかりだったのは、「弱小校や普通の野球部ならともかく、強豪校の野球部員がこの本を読んで『あるある』と言ってもらえるのだろうか？」ということだ。

そんな僕の懸念を知ってか知らずか、当時の僕の同僚が、その年に全国制覇を成し遂げた超名門校に『野球部あるある』をお土産として持って行ってしまった。もう余計なことをして！　とハラハラしたのだが、その顛末《てんまつ》を聞いて仰天した。

なんと、大爆笑だったのだという。

日本一の野球部員たちが、ケラケラと声を上げて大笑いしていたというのだ。【ベルトを忘れ、やむなく制服のベルトで代用する。】（あるある㉗）というネタを見て、「これあったわ～」とうなずいていたらしい。強豪校の野球部にも「あるある」と言ってもらえたことは、とてつもなく大きな自信になった。

この高校、実は現役時代に公式戦で負けたことがあった。野球では歯が立たなかったが、10年以上の時を経て、笑いでリベンジを果たした気分になった。

五章
野球留学あるある

「野球留学大学生」たち

体育会に所属している大学生は、ひと目見ればわかる。まず服装がブレザーかジャージ。屋外スポーツなら日焼けして、精悍《せいかん》に見える。キャンパス内に溢れる一般学生とは、明らかに異質な雰囲気を放っている。

そんな大学生2人が、僕の目の前に並んで座っていた。

いずれも名門大学野球部に所属する4年生で、関西地方出身。Rくんは中学まで関西で過ごし、高校は東北地方へ。そしてGくんは同じく中学まで関西、そして高校は九州へと進んでいる。ともに高校卒業後は関東の大学に進んでいるから、二度の「野球留学」を経験していることになる。なお、イニシャルは便宜上、「留学」「外人部隊」の頭文字から付けさせてもらった。

日本高野連の調査によると、野球留学の半数以上は大阪を中心とした関西地方からの人材だという。2人はどうして「野球留学」の道を選んだのか。それは、ある共通点があった。

「親がとにかく厳しくて……。逃れたくて、寮に入って県外でやりたいと思いました」（Rくん）

「親と仲が悪くて。親元から離れたい。どれだけ離れてやろうかと思っていました」（Gくん）

ともに、「親から離れたい」という理由があった。また、Rくんはこんなことも付け足した。

「大阪や兵庫の高校からも誘われたんですけど、良くてベスト8とか、甲子園は厳しそうな学校でした。甲子園に行く確率を考えると、やっぱり県外だと思いました」

Rくんが初めて東北の進学先を訪れたのは中学3年の夏。この時期、強豪校は中学生に向けた体験練習を実施している学校が多い。

「めっちゃ田舎やな……」

それが第一印象だったという。周囲を山に囲まれ、川が静かに流れている。そして異様に暑かった。

「盆地だったので、関西よりも暑かったです。寒さは覚悟してたけど、まさかこっちのほうが暑いとは思ってもみませんでした」

部員の6割は関西や関東からの野球留学生。地元の選手は4割程度だが、ほとんどレギュラーにはなれなかったという。

「みんな気が優しいんです。練習中にミスしても『ドンマイ』とか言ってる。『ドンマイじゃねぇだろ！』と言いたくなりました」

東北は米どころなだけに、さぞおいしいご飯を食べていたのではと思いきや、Rくんは首を横に振った。

「寮でノルマがあって、もう『食べたくない』と思うくらい、食べさせられたんで……。地元の特産品の果物はおいしかったですけど、食事は地獄で、『練習よりきつい』と言っている奴もいました」

こいつらとはやってられない

一方、Gくんは高校に入学して初めて九州の学校を訪れた。第一印象は「海臭い……」。近くに漁港がある港町。関西と気候に大きな違いはなかったが、この潮の香りは「アカンな」と思ったという。そして輪をかけて戸惑ったのが「言葉」だった。

「みんな方言で語尾に『〜ち』とか『〜ちゃ』とか付けるんですけど、最初はふざけて言ってるんだと思って、『なめられてる』とムカついていたんです」

Gくんはそのチームの中で関西から来た唯一の選手だった。中学時代の実績もあり、入学当初からVIP待遇。自分に自信もあったから、地元出身選手との意識の差に苛立《いらだ》ちを隠さなかった。

「入学した頃は本当に一匹狼でしたね。野球に対する姿勢とか価値観とか、自分が中学時代に教わってきたものとは全然違っていた。『こいつらとはやってられない』と思っていました。先輩にもタメ口きいてましたしね。『こんな人、先輩として尊敬できない』って」

さらに、寮の食事も「信じられないほどマズかった」という。何もかもうまくいかないスタートだったが、Gくんは「自分がチームを変えてやる」という信念は持ち続けていた。

ホームシックより「息子シック」

15歳で親元を離れ、今までと違う環境での生活。想像以上のストレスがあり、ホームシックにかかる選手も多かったのではないか。

「いえ、僕はほとんどなかったんですけど、むしろ親が……。ときどき電話が掛かってきて、『何か用？』って聞くと、『いや、特に用はないんだけど』って」

そう笑って話すRくんの言葉を、頷《うなず》きながらGくんが引き取った。

「うちもそう。親のほうが子離れできてないんですかね」

深刻な「息子シック」。Rくんのチームでは、毎週関東地方から練習試合を見に来る名物保護者もいたそうだ。

また、「野球留学」といえば、やはり地元との関わりも気になる。地元選手がほとんど試合に出られないRくんのチームは相当嫌われていたのではないだろうか……。

「地元の人がどう思っていたのか、直接言われていないからわかりません。でも、応援してくれる人はいました。近所のおばちゃんが漬物を差し入れしてくれたり、地元の人が練習中に大量の唐揚げをくれたり。おいしくてうれしかったんですけど、恐怖の晩ご飯が入らなくなるので、複雑でした（笑）」

一方、地元の人だらけに囲まれた「一匹狼」Gくんは、その後どうなったのか。

「いつも夜遅くまで一人で練習していたら、そのうち周りもつられるように練習し始めたんです。それで教えたりしてるうちに、仲良くなって。寮のおかずがまずいので、夜に寮を抜け出してこっそり夜釣りしたり、朝はエビを釣ったりして、焼いて食べました。地元の奴らはみんな釣りがうまいので、一から教えてもらいました」

地元選手の実家に泊めてもらい、家族から歓待を受けることもしばしば。Gくんは完全に九州へと馴染んでいった。「野球留学」の意義を感じさせるエピソードだ。

野球留学をして良かった？

改めて、2人に「野球留学あるある」を訊いてみると、Gくんが少しはにかみながら口を開いた。

「『関西弁はモテる』でしょうね。入学した時は特に、地元の子からしてみたら、別世界から来たみたいに感じられるようです」

隣でRくんが大きく頷《うなず》いた。

「だから、関西弁を直さないのかもしれないです」

色気にまつわるエピソードはもう一つある。関西に帰省した際の「あるある」をRくんが教えてくれた。

「頭にカミソリで『ライン』を入れて、髪を染めて遊びます。それで再び寮に戻る時は五厘に剃って『気合入れてきました』って戻るんです」

Gくんも「あるある」と言いながら、「俺は大学でもそうだよ」とカミングアウトした。

最後に「野球留学をして良かった？」と質問してみた。

「良かったです。全国に友達ができたし、第二の故郷ができた。独り立ちもできたし、もう社会に出てどの地方に行ってもやっていく自信はあります」（Rくん）

「友達ができたのはもちろんですし、違う土地で違う野球に接することができて、人間としての幅が広がりました。今では実家より九州のほうが好きなくらいですよ」（Gくん）

そんなGくんは大学卒業後、再び九州へと渡り、母校のコーチになりたいと考えている。

一匹狼、母校へ帰る。入学当初の振る舞いを考えれば笑えてくるが、その分さまざまな経験を積んだGくんだ。きっといい指導者になるに違いないと思った。

RYUGAKU 001

生まれて初めて親への感謝の念が芽生える。

自分が何もしなくてもユニフォームがきれいに洗濯されていたり、朝起こしてくれる人がいたり…。そんな時代を思い出しながら、すべてを自分がやらなければならない寮生活で、初めて親のありがたみを痛感する。

RYUGAKU 002

入学前の目標は「プロ入り」だったが、3年夏前には「ベンチ入り」に下方修正されている。

中学時代はスターでも、高校で自分が「井の中の蛙《かわず》」だったことを知る。高くなった鼻をポッキリ折られたあと、選手たちが取る選択は「腐る」か「プライドを捨てる」しかない。遮二無二《しゃにむに》奮闘する選手たちに幸《さち》あれ！

外様あるある①

基本的に地元の高校野球ファンから嫌われている。

生活あるある①

入寮してすぐ、洗濯機の扱いに戸惑う。

進学理由あるある①

中学時代の監督から「お前は親元を離れたほうがいい」と言われてやって来た。

外様あるある②

勉強するために留学する人は批判されないのに、野球で留学すると批判を受けることにやるせなさを覚える。

外様あるある③

日本人なのに、地元の人から「外人部隊」と呼ばれる。

帰省あるある①

正月休みに帰省すると、そのまま戻ってこない選手がいる。

生活あるある②

野球は通用しても、味覚の壁に悩まされる。

外様あるある④

「自分たちの存在がその土地の野球レベルを上げている」という自負があるが、誰も褒《ほ》めてくれない。

漫画あるある

愛読書は『ダイヤのA《エース》』。

菊地選手のワンポイントコメント

珍しく主人公が野球留学をしている野球漫画。ちなみに41巻の扉絵で、主要登場人物の轟雷市が『野球部あるある』を読んでいる…というプチ情報をお届けしておきたい。

外様あるある⑤

審判本人は絶対に否定するだろうが、明らかに自分たちにだけ判定が辛《から》い。

外様あるある⑥

地元の名門公立校との戦いは、いつもアウェー。

外様あるある⑦

「野球に集中できる」と思うか、「遊ぶところがどこにもない」と思うかで、3年間の結果が変わってくる。

菊地選手のワンポイントコメント

地元出身者で固める名門公立校に対して、完全なるヒール役に。ただ、公立校のほうが学費が安いので、選手が集まりやすい…というケースもあることを認識してほしい。

帰省あるある②

帰省するたび、自分の変わりようを親に驚かれる。

脱走あるある

1年に一度は脱走した選手が監督に連れ戻されてくる。

進学理由あるある②

「いつの間にかこの学校に行くことが決まっていた」という選手がいる。

親あるある

親が予選の応援にやって来てくれたのはうれしいが、旅費が心配になる。

野球バカあるある

「野球しかしてない」と思われがちだが、一応ちゃんと授業は受けている。

外様あるある⑦

甲子園に出ないことには、何のためにここへ来たのかわからない。

外様あるある⑧

甲子園に出ないことには、校内での陰口がやむことはない。

地域愛あるある

留学先は「第二の故郷」である。

あとがき

　高校時代の同期に、「木村」という姓の選手が2人いました。ともにレフトを守っており、レギュラーは「潤」で、控えは「隼人」。同じ姓といっても血縁関係はなく、顔も体型も性格もまるで違う2人でした。

　ある日、練習試合のオーダーを発表する時、監督からスタメンを書いた紙を手渡された僕（キャプテンだったのです）は、その用紙を見て狼狽《ろうばい》しました。「2番・レフト」のところに書いてあったのが、「木村（準）」という名前だったのです。

　字面《じづら》からいえば「隼人」の「隼」に近い。ただし、音読するなら「じゅん（潤）」かもしれない……。でも、レギュラーでいつも出ている潤の名前を監督が書き損じるとは思えないし、おそらく隼人だろう。そう思った僕は、「木村隼人」と発表し、相手校にオーダー表を渡しました。

　ところが開始直前になって、監督が「バカッ、あれは『潤』のほうだ！」と烈火のごとく怒りだしました。えぇっ、それはないよ〜！　と思ったものの、文句など言えるはずもなし。結局、隼人は1打席目が終わるとすぐにベンチに引っ込められ、潤が守備につきました……。

　僕は、野球部時代の友人と集まって飲む時、いつもこの話をします。毎年、同じ話なのに、まるで古典落語のように何回話しても笑いが起こります。

　おそらく、野球部出身者の中には、それぞれの野球部の笑い話があり、そのチームだけの【野球部あるある】があるのでしょう。それはきっと、一生、仲間内で飲み屋に集まって話せるネタに違いありません。

　野球部——。

　僕は、こんなに全国にありふれているのに、異常な空間を他に知りません。

　もちろんさまざまな違いはありますが、全員が坊主頭で、監督に絶対服従で、上下関係が厳しくて、変なしきたりや言い伝えがあって、練習中は奇声を発する……冷静に考えると、こんな集団、奇妙すぎて仕方がないと思います（でも、野球部出身じゃない人にそう言われると、なんだかシャクに触るんですけど……）。

　遊びたい盛りの時期を犠牲にして、我を殺して、練習して、練習して、練習して……、結局、何を手に入れることができたのでしょう。もちろん、甲子園に出られた選手なんかは幸せです。でも、ほとんどの野球部員は失意のうちに引退することになります。

「あんなに頑張ったのに、その結果がこれかよ……」

　そんな思いはやがて、野球そのものへの憎悪に変わっていきます。

　今、仕事柄、高校野球のファンの方に会う機会が多いのですが、「自分は元・高校球児だ」という人は、意外なほど少ないものです。事情があって野球ができなかった、途中で辞めた、見ているることしかできなかった。そんな人が、高校野球ファンの中心になっているわけですが……。

では、元・球児はなぜ、高校野球ファンにならないのか。

それは、「自分の出ていない甲子園を直視するのがつらいから」ではないでしょうか。

実は僕もそうです。一応、仕事という名目で春夏と甲子園に行かせてもらいますが、いつもやるせない気分になる瞬間があります。特に開会式なんて、ここだけの話ですが、シラフではとても見られません。

僕は高校3年の夏、岩隈久志投手（マリナーズ）のいた堀越高校に敗れて引退しました。しかも、岩隈投手を温存された上に、コールドで負けたのです。10年以上経った今ではネタっぽく語れるようになりましたが、当時は悔しさを通り越して痛かったし、恥ずかしかった。高校野球なんて、大嫌いになりました。1学年下の後輩の試合こそ見に行きましたけど、「まえがき」に書いたようなウザイ先輩になってしまったのは、「いまだに高校野球への傷口がふさがっていない」ことへの照れがあったからかもしれません。

大学5年生の時、拾われるような形で『野球小僧』編集部に入って、いろんな「野球部」を取材させてもらえるようになりました。取材先の指導者の方はみなさん「時代は変わった」というようなことをおっしゃるのですが、僕はむしろ「野球部の根っこの部分は今も昔も変わらないな」という思いを抱くようになりました。そして、取材を通じ「野球部」らしい一面を見たり、自分の体験を思い出したりするたびに、僕の傷口が徐々にふさがっていくように思えました。

この本『野球部あるある』を手に取ってくださったみなさんが、それぞれどんな思いで本棚に収めるのか、僕にはわかりません。でも、いまだに「報われなかった」という思いを抱えている人であれば、つらい思い出も笑い飛ばせる、自分が野球部にいたことを誇りに思える、ぜひそんな気持ちになって飾ってもらえたら、この上なくうれしく思います。

また、本書を執筆するにあたっては、多くの方にご協力をいただきました。特にお礼を言いたいのは、書籍化を応援してくださったツイッターのフォロワーの方々。みなさんの後押しがなければ、企画が通ることなど絶対にあり得ませんでした。本当にありがとうございました。

では最後に、本編にも載せましたが、この〝野球部あるある〟で締めくくりたいと思います。

【今、もう一度1年春からやり直せると言われてもお断りだが、野球部にいて良かったとは思っている。】

２０１１年8月15日　菊地選手

菊地選手 きくち・せんしゅ

1982年生まれ（岩隈世代）。本名：菊地高弘。雑誌『野球太郎』（廣済堂出版）の編集部員を経て、2015年4月よりフリーの選手兼編集者に。野球部員の生態を分析する「野球部研究家」として活動しつつ、様々な媒体で選手視点からの記事を寄稿している。現在『中学野球太郎』（廣済堂出版）誌上にて、「菊地選手のホームランプロジェクト」を展開中。
Twitterアカウント：@kikuchiplayer

クロマツテツロウ

1979年生まれ。漫画家。高校時代は野球部に所属。現在は月刊少年チャンピオン（秋田書店）にて異色の“野球部漫画”『野球部に花束を』を連載。単行本（既刊6巻）、LINEスタンプも好評発売中。現役草野球選手としても全力プレー中。
ホームページURL：http://kuromatic.com/
Twitterアカウント：@kuromatie

野球部あるある 新装版

2015年8月31日 第1刷発行

著者 菊地選手
漫画 クロマツテツロウ

発行者 石渡孝子
発行所 株式会社 集英社
〒101-8050 東京都千代田区一ツ橋2-5-10
編集部 03-3230-6206 販売部 03-3230-6393（書店専用）
読者係 03-3230-6080

印刷所 図書印刷株式会社
製本所 ナショナル製本協同組合

装丁・デザイン
アベキヒロカズ
カット アカハナドラゴン
DTP 丸山製作所
編集 内山直之
協力 野球部あるある研究会（樫本ゆき/田沢健一郎/林さやか/本木明宏）
中央大学附属高校
『野球太郎』編集部
「菊地選手」twitterフォロワーの皆様

ISBN978-4-08-780764-6 C0075